KB206181

기쁨이
넘치는
크리스천

ESF는
기독대학인회(ESF: Evangelical Student Fellowship)는
사도행전 1장 8절에서 선포되고 있는 예수님의 지상명령에
근거하여 캠퍼스복음화를 통한 통일성서한국,
세계선교를 주요 목표로 삼고 있는 초교파적 선교단체입니다.

ESP는
Evangelical Student Fellowship Press의 약어로
기독대학인회(ESF)의 출판부입니다.

ESP 성경강의 시리즈_ 빌립보서

기쁨이 넘치는 크리스천

2013년 12월 11일 초판 1쇄 발행
지은이_장창식

펴낸이_김성희
편집인_유정훈
편집 및 디자인_김수영

펴낸 곳_(사) 기독대학인회 출판부 (ESP)
등록_제 12-316호
주소_서울시 강북구 송천동 317-8. 2층
전화_Tel 02) 989-3476~7 | Fax 02) 989-3385
이메일_esfpress@hanmail.net
공급처_기독교출판유통 031) 906-9191

ISBN_978-89-89108-71-9

값_6,000원

© 장창식. 2013
* 잘못된 책은 바꾸어 드립니다.
* 저작권자의 허락없이 이 책의 일부 또는 전체를 무단복제, 전재, 발췌할 수 없습니다.

기쁨이
넘치는
크리스천

차례

•⁄ **빌립보서 강의 활용법**   7

•⁄ **서문**   13

•⁄ **성경강의**

　1. 기쁨이 넘치는 크리스천의 인생관   17

　2. 기쁨이 넘치는 크리스천의 인격   45

　3. 기쁨이 넘치는 크리스천의 가치관   67

　4. 기쁨이 넘치는 크리스천의 생활철학   95

•⁄ **부록_** 빌립보서 성경공부문제   117

〈ESP 빌립보서 성경공부 인도자〉를 위한 문제 해답은
esf21.com 에서 확인하실 수 있습니다.

ESP 성경강의 시리즈 활용법

ESP 성경강의 시리즈는

성경 66권을 개인적으로 묵상하고 연구하며 자신을 말씀 위에 세우기를 소원하는 크리스천을 위해 기획되었다. 일반 성경강해집이나 주석은 너무 많은 분량으로 때론 권별성경공부에 부담을 갖는 경우가 많다. 본 성경강의 시리즈는 본문 묵상이나 성경 공부에 부담을 느끼지 않도록 군더더기를 제하고 본문 자체에 집중하도록 했다. 본 시리즈는 다음과 같은 몇 가지 특징이 있다.

첫째,

본문 중심의 성경공부 안내서로 준비되었다. 신앙생활을 처음 시작하는 이들도 이해하는데 어려움을 느끼지 않도록 하는 것을 목표로 했다. 많은 말보다도 본문의 메시지를 드러냄으로 쉽게 핵심을 붙잡을 수 있도록 했다.

둘째,

성경학교 및 말씀 사경회에서 듣는 것처럼 각 장 마다 말씀의 큰 그림을 볼 수 있도록 강의초안을 넣었다. 가르치거나 강의하는 입장에서는 각 장이나 또는 일정 분량을 나누어 진행할 수 있도록 했다.

셋째,

본 강의안과 함께 부록으로 본문의 성경공부 문제를 실었다. 성경본문을 귀납적으로 살피면서 본문의 주제를 알 수 있도록 했다. 성경공부 문제는 개인성경공부와 그룹성경공부에 모두 유용하다. 강의안은 본문의 핵심 주제를 바르게 이해할 수 있는데 매우 유익하다.

넷째,

성경공부의 모범답안을 온라인에서 제공하고 있다. ESF 홈페이지 내의 ESP 페이지에서 '성경공부 인도자'를 위한 게시판에서 인도자용 모범답안을 확인할 수 있다. 물론 개인적으로 성경을 연구하는 이들도 유용하게 사용할 수 있다.

빌립보서 강의

/ **저 자**
사도 바울

/ **빌립보 교회**

빌립보는 희랍의 북쪽 마게도냐의 한 도시며 사도 시대 로마제국의 대표적인 식민 도시였다. 본래의 이름은 크레니데스(Krenides)였는데 알렉산더 왕의 아버지 필립에 의하여 대규모로 재건되고 그 이름을 따라 명명하였다.

사도 바울이 두 번째 전도 여행 때 드로아에서 환상을 본 후 마케도냐 사람의 초청을 받고 유럽에 건너가서 빌립보 교회를 세웠다(행16:11-40). 처음 그 곳에서 복음을 전파하며 소수의 제자를 얻었으나 박해가 일어나 결국 투옥되었다. 바울 일행이 옥중에 있을 때 간수가 구원을 얻게 되고, 이를 계기로 그의 온 집이 믿음을 갖게 됨으로 빌립보에 첫 교회가 세워지게 되었다.

그 후 3차 전도여행에서 돌아올 때 빌립보에 들렀으며(행20:13), 빌립보 교회는 바울을 도울 때 물질적으로 돕는 일이 많았던 것을 보아 바울과 특별히 깊은 관계였던 것을 알 수 있다(2:25; 4:14,16,18; 고후2:9).

쓰게 된 동기

빌립보 교회는 에바브로디도 형제를 통해 사도 바울에게 물질적인 선물을 보냈다(2:25). 그런데 바울을 돕던 에바브로디도는 병으로 중태에 빠져 한때는 위독한 상태에 이르렀으며(2:26,30), 빌립보 성도들도 매우 걱정했다. 그 후 병이 완쾌되어 바울이 빌립보 성도들의 근심을 덜어주려고 에바브로디도를 다시 돌려보냈는데 그 편에 편지를 보냈다.

장소와 연대

AD 62년 또는 63년경 로마에서 기록.

내용 및 특징

기쁨의 편지로서 편지 전체에 '기쁨'이 넘치고 있다. 이것은 '기쁨, 기뻐한다'는 말이 이 책에 특별히 많이 쓰여지고 있음이 입증해 주고 있다. 이 서신은 로마 옥중에서 쓴 옥중서신으로 고난 중에서도 그리스도만을 바라보고 살면 큰 기쁨을 가지고 살 수 있다는 사실을 보여주고 있다.

• 주제
"주 안에서 기뻐하라"(4:4).

• 공부 목적
빌립보서의 성격이 '기쁨이 넘치는 옥중서신'이며 '성숙한 신앙을 빌립보 성도들과 함께 나누는 것'으로서 ① 인생을 사는데 기쁨이 없는 사람이 기쁨을 찾고, ② 기쁨 없이 신앙생활을 하는 사람들이 기쁨 넘치는 신앙생활을 할 수 있도록 하기 위함이다.

• 내용 구분
제 1강 기쁨이 넘치는 크리스천의 인생관(1:1-30)
제 2강 기쁨이 넘치는 크리스천의 인격(2:1-30)
제 3강 기쁨이 넘치는 크리스천의 가치관(3:1-21)
제 4강 기쁨이 넘치는 크리스천의 생활철학(4:1-23)

홈페이지 : www.esf21.com

시편90:10에 "우리의 연수가 칠십이요 강건하면 팔십이라도 그 연수의 자랑은 수고와 슬픔뿐이요 신속히 가니 우리가 날아가나이다."라고 하셨습니다. 그런데 저의 나이 70세에 이르고 이제 은퇴하였습니다.

저는 1963년 대학 1학년 때 길이요 진리요 생명이신 예수님을 영접했습니다. 예수님을 만나서 인생의 길을 찾은 후 70년 4월 1일부터 지성인 복음역사의 일꾼으로 부르심을 받아 사역자의 길을 달려왔습니다. ESF는 교회와의 바른관계, 인격적 제자양육, 바른 신학 정립이 필요함을 깨닫고 1976년

UBF에서 탈퇴하여 새롭게 출발했습니다. 그리고 하나님은 부족한 저에게 1979년부터 ESF의 총무직을 맡기셨습니다.

저는 지성인 복음역사의 일꾼으로 부름을 받은 후 "인생은 짧게 그러나 굵게 살자! 인생은 40까지 살면 된다."는 결단으로 30대를 불태우며 주님을 따르고자 했습니다. 하지만 1984년 나이 40이 될 때 과로로 인해 병이 들어 지성인 복음역사에서 물러나게 되었습니다.

병든 몸으로 영국에 가서 3년간의 쉼을 가진 후, 뉴욕에 있는 학사들의 초청을 받아 미국에 들어와 개혁으로 인한 어려움이 많은 학사들을 보살피며, 뉴욕 ESF를 세우고자 힘썼습니다. 하지만 목회자로 섬길 길이 열리지 않아서 2년 1개월간 세탁소에서 프레스를 하다가 한 가정을 만나 1989년 10월 22일 교회를 시작하여 섬기게 되었습니다. 시간이 흘러 2011년 10월 7일 그만 쉬라는 하나님의 음성을 듣고 10월 30일 22년의 이민교회 사역을 마치고 은퇴했습니다.

이제 저의 인생이 70줄에 들어섰습니다. 돌이켜보면 부족하고 흠 많은 저를 붙들어 주시고 하나님의 역사에 사용하여 주신 은혜가 너무 큽니다. 특히 하나님의 일꾼이 되어 할 수 있는 대로 하나님의 법도를 따르는 길을 걷도록 인도하신 것을 감사드립니다.

목회자의 사역을 마치면서 믿음의 후배들에게 작은 도움이라도 되고 싶어서 1970년대 후반부터 강의해온 빌립보서를 정리하여 출판하게 되었습니다.

오늘날 교회 안에 세속적인 가치가 들어와 왕 노릇하여, 사도 바울이 걸었던 길과는 다른 세상 영광의 길로 나아가 기독교가 온갖 욕을 얻어먹고 있기 때문입니다. 빛을 발하여 어두운 세상을 밝히기는 커녕 수많은 문제로 세상 법정에 서 있는 한국 교회의 실정을 보면서 빌립보서 말씀의 필요성을 절감하였습니다.

저는 말이나 글에 약합니다. 그래서 빌립보서의 말씀을 그대로 전하고자 했습니다. 이 빌립보서 강의안이 독자들로 하여금 심히 어두운 시대에 빛 가운데 거하며 참된 복음의 삶을 살아가게 되는데 도움이 되고, 기쁨이 넘치고 행복한 신앙인이 되는데 도움이 되기를 소망합니다.

2013년 11월 10일 추수감사절에
장창식 목사

기쁨이 넘치는 크리스천의 인생관 ①

기쁨이 넘치는 크리스천의 인생관

· 본문: 빌립보서 1:1-30
· 요절: 빌립보서 1:21

"이는 내게 사는 것이 그리스도니 죽는 것도 유익함이니라."

I. 복음의 교제를 기뻐하는 사도 바울(1-11)
   1. 빌립보 성도들을 생각하는 바울(3-7)
   2. 빌립보 성도들을 사모하는 바울(8)
   3. 빌립보 성도들을 위해 기도하는 바울(9-11)

II. 그리스도가 전파되는 것을 기뻐하는 바울(12-26)
   1. 복음의 진보(12-18)
   2. 바울의 간절한 기대와 소망(19-26)

III. 복음 신앙을 권면하는 바울(27-30)
   1. 복음 신앙을 위하여 협력하라(27).
   2. 대적하는 자들을 두려워 말라(28-30).

사람은 누구나 자기의 인생관을 가지고 살아갑니다. 어떠한 인생관을 가지고 살아가느냐에 따라서 그의 일생이 좌우됩니다. 어떤 심리학자는 삶의 태도를 '독수리형, 황소형, 풍선형'의 세 가지로 나누어 설명했습니다. 독수리형이란 높은 목표를 정하여 그 목표를 이루기 위하여 노력하고 발전하고 성장하는 인간형입니다. 독수리가 하늘로 치솟기 위해서는 작은 새는 견딜 수 없는 세찬 바람이 필요하다고 합니다. 마찬가지로 우리의 신앙이 성장하기 위해서는 때로 세찬 바람 같은 고통이 필요할 때가 있습니다. 독수리같이 주를 앙모하는 믿음을 가지고 그 고통과 맞서 싸울 때에 우리의 신앙은 높은 경지에 이를 수 있게 됩니다.

황소형은 진흙탕에서 싸움을 하듯이 살아가는 유형입니다. 그들은 겉으로는 용기가 있어 보이지만 높은 이상을 품지 못하며, 열정적인 것 같지만 방향 감각이 없어 무모하기만 합니다. 타인에 대한 배려는 하지 못하고 자신만을 위해 이기적으로 살아가는 사람들입니다.

풍선형의 인간은 더욱 허망합니다. 무게가 없는 풍선은 바람이 부는 대로 떠다닙니다. 이처럼 풍선형의 인간은 인생의 확실한 방향도 없고 주체성도 가지지 못한 채 헤매입니다. 이러한 사람은 즉흥적이고 무분별하고 아무런 문제의식도 없이 의미 없는 인생을 살아갑니다. 독수리는 새끼와 많은 시간을 함께 보내다가 새끼가 반쯤 자라면 둥지에서 꺼내어 벼랑 끝에 둡니다. 품에서 밀어내야 할 때가 되면 그 시기를 놓치지 않습니다. 벼랑 끝에 밀쳐진 새끼는 날개를 펴서 팔딱거리며 하늘을 나는 법을 배웁니다. 새끼의 날개 근육이 충분히 힘을 지닐 때가 되면, 어미 독수리는 새끼를 낚아채고 창공을 향해 질주합니다. 높은 곳에서 떨어뜨려 스스로 날게 합니다. 어미 품을 떠나 독립적인 존재가 되도록 훈련시킵니다.

이 새끼 훈련은 적으로부터 자신을 보호하고 스스로 먹이를 구하도록 하는 엄숙한 과업입니다. 장난이 아닙니다. 사나운 짐승의 먹이가 되는 위험을 감수하는 목숨을 건 훈련입니다. 자식은 일정한 때가 되면 부모의 품을 떠나 독립적인 존재가 됩니다. 자립심을 가지고 살아야 합니다. 무지와 나태와 탈선에 대한 감시가 종일 지속될 수 없고, 부모의 제재가 평생 이어질 수도 없습니다.

정상적인 아이는 때가 되면 스스로 일어섭니다. 자기가 자신의 배의 선장이 됩니다. 인생의 망망대해로 출범하여 거친 파도와 폭풍우에 대항하여 싸웁니다. 스스로 정한 목적지를 향해 달음질칩니다. 고등학교를 졸업할 무렵이면 스스로 독립하기를 기대하는 것은 동서고금 다 마찬가지입니다.

자식이 자신의 삶에 대해 책임적인 존재가 되는 것을 보는 것만큼 흐뭇한 일은 없습니다. 강한 독립성, 자제력, 근면성, 판단력, 인내력을 가진 인물로 자라 독립하는 것을 보는 것만큼 기쁜 일이 없습니다. 그러나 떠날 때가 되었어도 떠나지 않고, 심약하고, 의존적이며, 꿈이 없는 자식을 보는 것만큼 괴로운 일은 없습니다.

성도들이여! 우리가 예수님을 믿고 신자가 되어서는 신자의 인생관이 필요합니다. 크리스천의 인생관을 가져야 신앙생활이 분명하고 기쁨이 넘치게 됩니다. 그런데 많은 크리스천들이 예수 믿기 전의 인생관(물질주의, 쾌락주의, 이기주의, 개인주의 등)을 그대로 가지고 살고 있기 때문에 기쁨이 없는 껍데기 종교생활만 많이 하고 있습니다.

그러므로 오늘 본문의 말씀을 통해서 사도 바울의 기쁨이 넘치는 크리스천의 인생관을 배움으로, 분명한 크리스천의 인생관을 확립하여 기쁨이 넘치는 신앙생활을 하여야 하겠습니다.

I. 복음의 교제를 기뻐하는 사도 바울(3-11)

오늘날은 개인주의와 이기주의가 팽배한 세상입니다. 그런데 많은 신자들도 그 영향을 받아 주일에 예배만 참석하는 사람들이 많아졌습니다. 부담 없이 예배만 드리려고 큰 교회를 찾는 경향이 있습니다. 그러나 신앙생활에 있어서 교제(fellowship)는 필수적입니다.

사도신경에도 "성도가 서로 교통하는 것을 믿습니다."라고 했습니다. 그런데 빌립보서 1장에는 복음의 교제를 기뻐하는 사도 바울의 모습이 잘 나타나 있습니다. 바울과 빌립보 성도들 사이의 복음의 교제가 어떻게 이루어지고 있는지 살펴봅시다.

1. 빌립보 성도들을 생각하는 바울(3-7)

사도 바울은 3절에 "너희를 생각한다"고 합니다. 사람이 누군가를 생각할 때 무엇이 먼저 생각됩니까? 일반적으로 좋은 기억(good memory)보다는 나쁜 기억(bad memory)을 떠올립니다. 그러면 바울의 경우는 어떠합니까?

바울 사도는 빌립보 성도들을 생각할 때마다 하나님께 감사했습니다(3). 빌립보를 시련과 고통 속에서 개척했기 때문이기도 하지만 다른 교회와는 남다른 애정이 있었습니다. 바울은 빌립보 성도들을 생각하면 감사의 눈물이 났습니다. 왜냐하면 5절에 "너희가 첫날부터 이제까지 복음을 위한 일에 참여하고 있기 때문이라."고 했습니다. 빌립보 성도들은 바울이 복음을 전해주던 첫날부터 로마의 감옥에 갇혀있는 현재까지 변함없이 바울의 선교 사업에 동참하였기 때문입니다. 여기서 첫날부터란 빌립보에서 루디아가 복음을 영접하고 사도를 그 집에 맞아들이면서부터 10여년간 교제가 있었음을 말해줍니다.

'교제'란 말은 오늘날과 같은 시대에서 말하는 장사나 이성간의 교제의 의미와는 다릅니다. 새 번역에는 교제를 "참여"라 했습니다. 이것은 헬라어 'koinonia'의 번역입니다. 영어로는 'fellowship'입니다. 원어의 뜻은 '교통하다', '공동 분배하다', '동업 하다', '협조 하다', '동참 하다'는 뜻입니다.

빌립보 성도들은 선교비를 통해서 바울의 전도 사업에 참여(교제)했습니다. 그들은 첫 번 방문했을 때 벌써 물질로 협력했습니다(행16:15). 데살로니가로 갔을 때에도 쓸 것을 보내주었습니다. 그후 고린도에 있을 때에도 사람을 보내어 사도에게 선교비를 보내주었습니다(고후11:9). 그리고 그 당시 로마에 갇힌 바울을 위하여도 다시 헌금하여 에바브로디도를 통해서 보내준 것입니다. 그들은 물질 뿐만 아니라 사랑과 이해를, 기도와 열심을 통해서 바울과 교제를 한 것입니다.

성도들이여! 성도의 교제는 외로운 나그네들이 모인 어떠한 클럽이 아닙니다. 하나님의 자녀가 되어 그리스도와 연합한 형제자매들의 모임입니다. 그러므로 서로 기도하며, 서로 돕고, 힘써 복음을 전파하는 것입니다. 진실하고 절실한 교제 가운데 기도하면서 합심하여 복음을 전하여야 합니다.

바울 당시에는 많은 사람들이 복음전파에 협력하기 보다는 반대했습니다. 율법주의자들의 방해공작은 말할 것도 없었으며, 동일한 신앙의 동지들까지도 바울을 의식적으로 기피했습니다. 그러나 빌립보 교회는 바울을 도와 복음전파에 협력하고, 교제하고, 수고했습니다. 바울은 이러한 충성된 믿음을 보아서 "너희 속에 착한 일을 시작하신 이가 그리스도 예수의 날까지 이루실 줄을 우리가 확신하노라"고 말씀하고 있습니다.

여기서 '착한 일'이란 빌립보 성도들이 복음을 믿는 것과 복음을 전하는 일에 충성되게 참여한 것을 말씀하는 것입니다. 7절에서 볼 수 있는 대로 바울의 매임과 복음을 변명함과 확정함에 빌립보 성도들이 다 바울과 함께 은혜에 참여한 자가 되었습니다. 빌립보 성도들은 복음 전파를 위한 고난에 동참한 것입니다.

크리스천이란 어떤 사람들입니까? 예수 믿고 복 받고 잘 사는 것입니까? 그것이 전부는 아니지 않습니까? 복음을 위해 고통을 나누어지는 사람입니다. 빌립보 성도들은 바울의 옥중 생활의 동역자들이었습니다. 바울은 복음을 변명하고, 변호하고, 확정하는 일, 즉 복음을 믿은 자들이 흔들리지 않고 신앙에 굳게 서도록 도우면서 고난과 핍박을 받았습니다.

바울은 이것을 어떻게 생각했습니까? 바울은 이것을 하나님의 은혜로 생각했습니다. 또한 그리스도의 남은 고난을 자기 몸에 채우는 것으로서 큰 영광이요 은혜로 여겼습니다. 그래서 3절에서 "빌립보 성도들을 생각할 때"하는 감사는 그들이 바울과 함께 복음전파를 위해 고난도 함께 받고, 핍박도 함께 받았으므로, 하나님의 은혜와 축복에도 참여하게 될 것을 생각하는 가운데 일어난 감사입니다.

그러면 이와 같이 빌립보 성도들을 생각하고 감사하는 바울은 어떻게 했습니까? 생각하고 감사할 뿐만 아니라 뜨겁게 사랑했습니다.

2. 빌립보 성도들을 사모하는 바울(8)

7절에 보면 바울은 "너희가 내 마음에 있음이며"라고 했습니다. 빌립보 성도들이 마음에 있어서 생각되고 감사하는 바울은 8절에 "내가 예수 그리스도의 심장으로 너희 무리를 얼마나 사모하는지 하나님이 내 증인이시라"고 했습니다. 여기서 심장은 '사람의 중심 사상과 사랑'을 뜻합니다. 바울의 중심에는 무엇이 있었습니까? 그리스도입니다.

예수 그리스도는 인간을 구원하시기 위해 모진 고난과 채찍과 모욕을 받으셨습니다. 심지어 십자가 고통 속에서도 사람들을 원망하지 않았습니다. 사람을 진정으로 사랑하셨기 때문입니다. 그리스도의 심장은 무조건적인 희생, 헌신을 의미합니다.

그러한 바울은 예수님의 사랑으로 빌립보 성도들을 사모하였습니다. 애타게 보고 싶어 하였습니다. 바울의 맥박은 예수님의 맥박과 같이 뛰며, 그의 심장은 예수님의 심장과 같이 뛰었습니다. 신자가 바울처럼 참으로 예수님과 일체가 될 때 그리스도의 사랑이 신자들을 통하여 이웃에게 전해집니다.

신자는 그리스도의 십자가 헌신을 통해 하나님의 자녀가 되었습니다. 예수님과 하나가 되었습니다(갈 2:20). 그러므로 그리스도와 함께 생각하고 그리스도의 마음으로 사랑할 수 있게 되었습니다. 예수의 심장을 가진 바울처럼 말씀과 기도의 역사가 이루어지게 됩니다. 예수의 심장으로 피차 뜨겁게 사랑하십시오.

3. 빌립보 성도들을 위해 기도하는 바울(9-11)

빌립보 성도들을 생각하고 사모한 바울은 이제 기도를 합니다. 왜냐하면 생각은 사랑으로 변하여 사모하게 만들고, 사랑은 기도로 변하기 때문입니다. 사실 성도들이 기도할 때 하나님 앞에 솔직해집니다. 그래서 솔직한 교제가 이루어집니다. 그러면 바울이 기도하는 제목이 무엇입니까?

① 사랑이 풍성하도록 기도했습니다.
바울 사도의 첫째 기도제목은 "사랑이 풍성하도록"이었습니다. 여기서 사랑은 인간들끼리의 사랑이 아닙니다. 사람을 향한 하나님의 사랑입니다. 이 사랑에 대한 감동이 없는 신자는 오래가지 않아 넘어지고 맙니다. 왜냐하면 사랑은 믿음과 소망의 근원이 되기 때문입니다. 하나님을 사랑하지 않는 자는 믿음을 가질 수 없고, 하나님 나라에 대한 소망을 가질 수가 없기 때문입니다.
　사랑이 있어야 믿음과 소망을 가질 수 있기 때문에, 사랑은 믿음 소망 보다 귀합니다. 또한 믿음과 소망은 사람에게 속한 것이나 사랑은 하나님께 속한 것이기 때문입니다. 사람이 하나님을 믿고 소망하는 것이지, 하나님이 사람을 믿고 소망하는 것이 아닙니다.

뿐만 아니라 사랑은 영원합니다(고전13:8). 신자는 하나님을 믿는 것으로 만족해서는 안 됩니다. 사랑할 수 있어야 합니다. 이 사랑이 있는 사람만이 다른 사람을 진정으로 사랑할 수 있습니다. 이 사랑은 성령으로 말미암아 우리 마음에 부어집니다(롬5:5). 그래서 사도 바울은 빌립보 성도들 안에 사랑이 풍성하도록 기도했습니다.

② 분별력을 갖도록 기도했습니다.

어린 아이는 분별력이 떨어집니다. 그와 마찬가지로 신앙생활에도 어린 신자들은 분별력이 부족해서 어떤 것이 죄인지, 선인지 분별을 잘 하지 못합니다. 신앙이 성숙하여야 분별력이 생깁니다. 그러면 바울은 성도들이 분별력을 갖도록 하기 위해 어떻게 합니까?

9절에 지식과 모든 총명(새 번역 : 모든 판단력)이 풍성해지도록 기도했습니다. 그러므로 성숙한 신자가 되기 위해서는 바른 지식과 판단력을 길러야 합니다. 성숙한 신자가 되어야 합니다. 왜 바울 사도가 지식과 판단력을 갖도록 기도한 것입니까? 왜냐하면 환경은 계속적으로 우리에게 어려운 문제를 안겨줍니다. 어떤 일은 어떤 신자의 양심에는 허락이 되나 어떤 신자의 양심에는 허락이 안 됩니다. "어느 것이 참

인가? 거짓인가? 비 신앙인가? 참 신앙인가?"를 알 수 있는
분별력이 필요합니다. 분별력이 없으면 속아 넘어가기 쉽고,
실패를 하게 되어 우리의 기쁨을 앗아가고 신앙의 회의에 빠
지게 만듭니다. 감사의 일을 불평하게 됩니다.

　분별이란 말은 "금속이나 주화가 진짜인지, 순수하며 섞임
이 있는가? 없는가?"를 판단하는데 쓰이는 말입니다. 참 믿
음은 언제나 참과 거짓을 분별할 수 있는 힘이 있어야 합니
다. 그래서 사랑에 더하여 지혜와 분별력이 있는 성숙한 신
앙이 필요합니다.

③ 진실하여 허물이 없도록 기도하였습니다.

바울은 진실하여 허물없이 그리스도의 날까지 이르도록 기
도했습니다(10). 신앙 양심이 더럽혀지지 않고 그리스도의
심판 날까지 이르도록 하라는 것입니다. 오늘날은 거짓이 난
무하고 있습니다. 진실 보다는 이익을 위해 거짓을 선택합
니다. 그러나 진실은 신자에게 있어서 생명입니다. 사람이
좀 부족해도 또한 결점이 있을지라도 진실만은 온전히 가져
야 합니다. 진실함을 상실한 크리스천은 맛 잃은 소금과 같
습니다. 진실은 신자의 인격이요 생명입니다. 진실하신 하나
님을 믿는 신자는 진실해야 합니다.

④ 의의 열매를 위해서 기도했습니다.

신자는 신자로서 생활을 해야 합니다. 죄악 된 세상에서 자기의 욕심대로 살지 않아야 하며 거짓과 도적질을 하지 말아야 합니다. 그러나 신자다운 생활은 그러한 소극적인 생활만이 아닙니다. 적극적인 행위에 있습니다. 즉 의의 열매가 가득한 생활입니다. '의'라 함은 믿음으로 하나님과 올바른 관계를 가지는 것이요, '열매'는 그 관계에서 나타나는 것으로 사랑, 희락, 화평, 오래 참음, 자비, 양선, 충성, 온유, 절제(갈5:22,23)의 성령의 열매를 말합니다. 이처럼 의의 열매를 맺는 생활이 될 때 하나님께 영광과 찬송이 됩니다. 사도 바울의 빌립보 성도들을 위한 기도 제목은 일반 신자들의 기도 제목과 얼마나 다릅니까? 바울의 기도제목은 영적입니다. 이 기도는 모든 신자가 드려야 할 기도의 모형입니다. 우리는 조금만 피곤해도 기도하기가 어렵습니다. 그러나 바울은 옥중에서 기도했습니다. 기도는 호흡입니다. 신자는 기도 없이 그 영적 생명을 유지할 수 없습니다.

이상을 살펴볼 때 사도 바울은 빌립보 성도들과 어떻게 기쁜 복음의 교제를 나누었습니까? 생각하고, 감사하고, 사모하고, 기도하였습니다. 세상의 교제는 아무리 아름답고 좋은 명목 가운데 이루어진다 해도 자기 개인의 유익을 구하는 일들입니다. 또한 그렇지 않다 하더라도 환경과 형편에 따라서 이루어지는 교제이기 때문에 진정한 기쁨이 없습니다.

그러나 성도의 교제는 예수님 안에서 그리스도의 피로 맺어진 한 형제자매로서의 진실한 교제인 것입니다. 사도 바울은 빌립보 성도들을 생각하고 예수 그리스도의 심장으로 사모하는 가운데 이루어지는 교제를 나누고 있습니다.

II. 그리스도가 전파되는 것을 기뻐하는 바울(12-26)

사도 바울은 복음을 증거하다 감옥에 갇히게 되었습니다. 대개 감옥에 갇히게 되면 슬픔과 원망이 생겨납니다. 그러나 바울은 감옥 속에서도 그리스도가 전파되는 것 때문에 기뻐하고 있습니다. 그러면 바울이 기뻐하는 내용이 무엇입니까?

1. 복음의 진보(12-18)

사도 바울은 복음을 증거하는 일로 로마에 투옥되었습니다. 이렇게 되자 어떤 사람들에게는 "하나님이 살아계신다면, 하나님이 로마 선교를 원하신다면, 아니 하나님이 정말 바울을 쓰신다면 왜 그러한 환경에다 두실까"하는 의구심이 있었습니다.

그러나 12절에 바울은 자기의 당한 일이 도리어 복음의 진보를 가져왔음을 밝히고 있습니다. 여기서 복음의 진보란 무엇을 말하는 것입니까? 그것은 그리스도가 전파되는 것을 말합니다. 그러면 바울의 감옥에 갇힘이 어떻게 그리스도가 전파되는 사건이 되었습니까?

① 온 시위대가 개척됨(13)
바울이 죄수로 로마에 도착하자 로마 황제의 시위대에 의해서 지켜지게 되었습니다. 시위대 군사들은 처음에는 바울을 이상하게 보고 업신 여기기도 했습니다. 그러나 바울은 특수한 죄수로서 그의 그리스도를 향한 충성과 용기, 인내심과 온유함 등 그의 인격에 감동되어 결국 예수를 믿게 된 것입니다. 그 당시 시위대는 9,000명으로 하루 4부 교대를 하였습니다. 바울은 특수한 형태의 죄수였기 때문에 그가 그들을 다 만났다고는 할 수 없으나 소문은 다 들었을 것입니다. 만약 바울이 감옥에 갇히지 않았다면 그들에게 복음이 전파된다는 것은 거의 불가능한 일이었을 것입니다.

② 형제들에게 복음을 담대히 전파하게 했음(14,16)
바울이 죄수의 몸으로 로마에 이르자 일반 성도들은 약간 겁을 먹은 것 같습니다. 그러나 그들은 바울이 옥중에서도 열심히 기쁨으로 전도하여 시위대 안의 가이사 황제의 집 사람

까지 믿게 된 것을 알자 용기를 얻고 담대히 복음을 전파한 것입니다. 리더의 기쁨의 헌신은 따르는 자들에게 위로와 격려가 됩니다. 역경과 시련이 형제들에게 오히려 용기를 주었습니다.

③시기하는 유대인들을 통해서 그리스도가 전파되었음 (15,17)
바울이 투옥되자 바울의 명성을 시기하는 자들이 자기들의 명예와 권리를 위해서 열심히 복음을 전했습니다. 즉 바울의 투옥을 계기로 자신들의 이름과 세력을 넓히는 계기로 삼고자 했습니다. 주님을 위한 순수한 의로 보다는 인간적 생각이 앞서는 불순한 모습입니다. 그러나 바울은 자기에 대한 이해나 감정을 떠나 복음이 전파되는 것으로 기뻐하였습니다. 바울은 그들이 야비하다고 원망하지 않고, 무슨 모양으로든지, 동기가 어떠하든지 복음이 전파되는 것으로 기뻐한 것입니다.

다시 말해서 바울은 그리스도를 전파하는 단체, 교파가 많아지고, 나누어짐으로 인해서 근심하는 것이 아니라, 그 단체, 그 모임에서 그리스도가 전파되는 것 때문에 기뻐함을 말하고 있는 것입니다.

우리는 여기서 크리스천에게 있어서는 어려운 환경이나 역경이 오히려 복음이 전파될 수 있는 좋은 기회인 것을 알게 됩니다.

2. 바울의 간절한 기대와 소망(19-20)

23, 24절을 보면 그 당시 바울의 형편을 잘 알 수 있습니다. 바울은 두 사이에 끼어 있습니다. 살아서 전도의 열매를 맺는 것과 죽어서 그리스도와 같이 사는 것 사이에 끼어 있습니다. 그런데 19절을 보면 바울은 자신이 석방될 것을 생각한 것 같습니다. 바울에게 있어서는 죽어 하늘나라에 가서 그리스도와 함께 있는 것이 더욱 좋았습니다. 그러나 석방되면 복음을 전파할 수 있고, 양들의 신앙성장을 도울 수 있기 때문에 더 유익했습니다.

여기서 알 수 있는 것은 바울이 얼마나 삶의 의미, 삶의 목적, 삶의 소망 등, 인생 전체에 그리스도를 중심하고, 그리스도를 존귀하게 하고, 그리스도와 함께 하기를 원하는 기독교 인생관을 가지고 있는가를 볼 수 있습니다.

사람은 누구나 귀하고 기쁨이 넘치는 행복한 인생을 살고 싶어 합니다. 그런데 그러한 인생을 살고 싶어도 살지 못하는 데는 무엇이 문제입니까? 그것은 인생관입니다. 인생이란 중요합니다. 인생이 어떻게 행복하거나 불행하게 됩니까? 그것은 어떠한 인생관을 가지고 살아가느냐에 따라서 결정됩니다. 그러므로 올바른 인생관을 가져야 합니다.

어떤 사람은 예수님을 믿고 크리스천이 된 뒤에도 기쁨이 없는 괴로운 인생을 살아가고 있습니다. 그러다 구원받은 기쁨까지 다 잃어버리고 오히려 원망과 불평이 많아지고, 심지어는 "내가 왜 예수를 믿었던가?"하고 후회까지 하기도 합니다. 예수님을 원망하고 목회자를 욕하며, 그 원인이 무엇인가는 생각해보려고도 하지 않습니다.

그러나 그 근본 문제를 살펴보면, 대개 예수를 믿은 후에도 믿기 전의 인생관을 가지고 그대로 살기 때문인 것을 알 수 있습니다. 이것이 문제입니다. 크리스천이 되면, 크리스천으로서 올바른 인생관을 가지고 살아야 기쁨이 생활 가운데 넘치게 되는 것입니다. 20, 21절에 기쁨이 넘치는 크리스천의 바른 인생관이 나옵니다.

"나의 간절한 기대와 소망을 따라 아무 일에든지 부끄럽지 아니하고 지금도 전과 같이 온전히 담대하여 살든지 죽든지 내 몸에서 그리스도가 존귀하게 되게 하려 하나니, 이는 내게 사는 것이 그리스도니 죽는 것도 유익함이니라." 20절을 보면, 바울의 간절한 기대와 소망이 기록되어 있습니다. 그것이 무엇입니까? "아무 일에든지 부끄럽지 않는" 즉 자기를 모략하는 악의 전도자나 자기를 결박한 로마의 관원에게나 누구에게나 부끄럽지 않은 전도자가 되기를 원하는 것입니다.

하나님 앞에서나 어떠한 사람 앞에서나 부끄러울 것이 없는 자로서, 전에 담대했던 것처럼 앞으로 어떠한 어려움 가운데서도 계속 담대하여 살든지 죽든지 그리스도가 바울을 통해서 존귀하게 되기를 원하는 것입니다.

그러면 왜 바울은 그리스도만 존귀하게 되기를 바라는 것입니까? 21절에 "이는 내게 사는 것이 그리스도니 죽는 것도 유익함이라."했습니다. 즉 바울에게 있어서 사는 것은 그리스도였기 때문입니다. 바울의 옛 사람은 죽었고 이제 그리스도의 피로 사신 바 된 그리스도의 생명이 자기라는 것입니다.

바울에게 사는 것이 그리스도였습니다. 그러므로 바울의 인생관에 있어서 인생의 목적이 그리스도였습니다. 여기 바울과 같은 인생관을 갖게 될 때 항상 기쁨이 넘치게 됩니다. 환경과 조건을 초월한 인생관입니다. 바로 이것이 기쁨이 넘치는 크리스천의 인생관입니다.

성도들이여! 사람이 무엇 때문에 살아가는 것입니까? 물질, 명예, 사랑, 자식, 쾌락입니까? 이것은 우리의 인생에 다 필요합니다. 그러나 그것이 삶의 목적이 될 수는 없습니다. 왜냐하면 이런 것들은 죽음 앞에 다 무익하게 되기 때문입니다. 이러한 세상의 어떠한 것이 사람의 마음을 사로잡고, 그것을 목적으로 추구하는 인생관을 가지고 살 때는 진정한 기쁨이 생길 수 없습니다.

그러나 바울은 "내게 사는 것이 그리스도니 죽는 것도 유익함이라"고 그의 인생관을 고백했습니다. "죽어도 좋아"라고 말입니다. 세상 것들은 죽음 앞에 무익하지만 바울은 그리스도를 얻기 위한 인생이었기 때문에, 죽어도 하늘에 계신 그리스도와 영원히 함께 거하는 영생이므로, 죽는 것도 유익하다라고 말하고 있는 것입니다.

성도들이여! 우리도 바울과 같은 인생관을 가질 때 진정한 기쁨이 넘치게 됩니다.

Ⅲ. 복음 신앙을 권면하는 바울(27-30)

빌립보서 1장에서 바울 사도는 처음 인사를 하고, 자신의 형편을 간증한 후에, 이제는 권면하고 있습니다. 그의 권면은 한마디로 그리스도의 복음에 합당하게 생활하라는 것입니다.

오늘날 크리스천의 생활은 어떠합니까? 그들은 세상 사회에 합당하게 살고, 시대적 풍조와 흐르는 유행에 따라 행하며, 인간의 정욕에 사로잡혀서 복음에 합당한 생활을 염두에 두려고 하지 않습니다. 그러다보니 윤리와 도덕이 무시되고 세상으로부터 불신을 당하는 일들이 너무도 많이 일어납니다. 이러한 시대에 그리스도 복음에 합당하게 생활하라는 말씀은 우리 신자들에게 적절한 교훈이 아닐 수 없습니다.

1. 복음 신앙을 위하여 협력하라.

복음 신앙이란 무엇입니까? 복음 신앙이란 어떠한 환경에서나 그리스도 안에 뿌리를 박고, 그리스도를 의지하고, 그리스도를 사랑하며, 그리스도를 소망하고 생활하는 신앙으로, 신앙과 삶이 일치되는 신앙을 말합니다.

오늘날 개인주의와 이기주의가 팽배하여 자기만 생각하는 경향이 짙습니다. 심지어 교회생활까지도 그러합니다. 그러나 사람의 생활이란 무인도에서 혼자 사는 것이 아니기 때문에 서로 협력하는 것이 필요합니다. 여기서 협력한다는 단어는 영어로 'striving'입니다. 이것은 원래 검투사를 묘사하는 말입니다.

검투사는 다른 검투사와 나란히 서서 공동의 대적을 위하여 싸우는 것입니다. 그러므로 공격도 같이하고, 방어도 같이하는 적극적인 태도를 협력하는 신앙이라 할 수 있습니다. 이와 같이 협력하는 데는 목표가 하나여야지 둘이 될 수 없습니다. 그러면 무엇이 목표가 될 수 있습니까? 그것은 그리스도의 뜻을 이루는 것입니다.

2. 대적하는 자를 두려워 말라(28-30)

성도들이 사탄이 지배하는 세상에서 복음에 합당하게 살려고 할 때 무수히 대적하는 자와 싸우게 되는 것입니다. 어떻게 이 싸움에서 이길 수 있습니까? 싸움에서 이기는 비결은 내적으로 단결하는 것이요, 외적으로 적을 두려워하지 않는 담력입니다.

본문에서 대적하는 자는 유대인들이요, 세상 권세들입니다. 오늘날 우리도 복음에 합당하게 살고자 할 때 친구나 가족이나, 세상 사람들이 직간접적으로 방해하고 대적합니다. '두려워한다는 것'은 '깜짝 놀란다, 간담이 써늘해진다'는 뜻입니다.

우리 크리스천은 대적을 무서워해서는 안 됩니다. 원수를 이기고 복음에 합당한 생활을 해 나가야 합니다. 왜냐하면 크리스천의 용기는 확실한 소망에 근거한 것이요, 확실한 승리에 근거한 것이며, 영원한 삶에 근거한 것이기 때문입니다. 그러므로 두려움이 있을 수 없습니다. 그래서 바울은 대적하는 자를 두려워말고 적극적으로 싸우라고 합니다. 왜 싸워야 합니까? 신자가 되어 신앙의 대적들과 싸우는 것(영적

싸움)은 자신이 구원받았다는 증거입니다. 또한 그리스도의 은혜로 구원받은 신자가 고난 받는 것은 은혜입니다. 특권입니다. 왜냐하면 고난을 통하여서 믿음이 연단되어 더욱 귀한 믿음이 되기 때문입니다. 그래서 히12:6-8에 신자가 하나님을 믿고 고난 받는 것은 그리스도께서 사랑하신다는 증거라 말씀하셨습니다.

뿐만 아니라, 바울의 싸움에 그리고 세계 수많은 성도들의 영광스런 싸움에 빌립보 성도들도 한 부분을 담당하고 있는 것입니다. 지금도 그리스도의 복음에 합당하게 살기 위해서 수많은 성도들이 싸우고 있습니다. 그러므로 신자들은 이 세상에 살지만 바울의 권면에 따라 하늘나라의 시민답게, 즉 하늘나라의 황태자요 공주답게 깨끗이 살아가야 합니다.

결 론

사람들은 기쁘게 인생을 살고자 애를 씁니다. 과학과 의학의 발달로 말미암아 곧 사람들이 모두 100세까지 살 수 있다고 합니다. 또한 얼마나 편리한 세상이 되고 있습니까? 그러나 온 세계가 서로 서로 엉켜져 있습니다. 세상은 온갖 죄악과 범죄와 두려움으로 가득 차 있습니다. 또한 온갖 재난이 횡행하고 전쟁과 기근이 도처에 범람하고 있습니다. 사실 우리가 사는 세상 환경은 더욱더 나빠지고 있습니다. 수많은 사람들이 두려움에 시달리며 살아가고 있습니다.

성도들이여! 사람이 사는 동안 환경은 사람의 기쁨을 빼앗아 갑니다. 절망하게 합니다. 그래서 인간은 환경의 장난감이 되어버렸습니다(Men are slaves of the circumstance).

그러나 인간이 그리스도를 믿고 그리스도 중심의 인생관을 가지고 살아갈 때 어떠한 환경에서도 기뻐할 수 있는 것입니다. 그 대표적인 예로 사도 바울은 크리스천의 인생관을 가지고 감옥 속에서 죽음에 직면해 있으면서도 기뻐했습니다. 어떻게 그럴 수 있었습니까?

그것은 크리스천의 인생관을 가지고 환경을 통해서 그리스도를 보는 것이 아니고, 그리스도를 통해서 환경을 보았기 때문입니다. 이것이 바울의 모든 것을 바꾸어 놓았습니다.

사람들은 자기 자신이 첫째요, 둘째가 다른 사람이요, 셋째가 하나님 즉 예수님입니다. 그러나 바울의 기독교 인생관은 첫째가 예수님(Jesus)이요, 둘째가 다른 사람(Others)이요, 셋째가 자기 자신(Yourself)입니다.

여기에서 첫 글자를 맞추면 JOY 즉 '기쁨' 이라는 단어가 탄생합니다. 그러므로 첫째가 예수님, 둘째가 다른 사람, 셋째가 자신이 되는 인생관을 가진 신자는, 어떠한 환경에서나 그 인생관이 기쁨이기 때문에 기쁨이 넘치는 인생이 되는 것입니다. 그러므로 사도 바울은 내게 사는 것이 그리스도라고 고백하고 있는 것입니다.

60년대부터 한국에서 붕어빵 장사기 있었습니다. 붕어빵 장사는 빵 기계가 붕어처럼 생겼기 때문에 언제나 빵을 구우면 붕어빵이 나옵니다. 그래서 아들이 아버지를 많이 닮았으면 붕어빵이라 했습니다. 그와 마찬가지로 우리 신자들도 살아가는데 있어서 중요한 것은 어떠한 인생관을 가지고 사느냐입니다. 내 인생관에 따라 삶이 기쁨과 슬픔, 행복과 불행, 승리와 패배의 인생으로 나누어지는 것입니다.

사랑하는 성도들이여!

현재 나는 어떠한 인생관을 가지고 살고 있습니까? 아무쪼록 사도 바울처럼 기쁨이 넘치는 크리스천의 인생관을 가지고 어떠한 환경에서든지 기쁨이 넘치는 승리의 인생을 사시기를 예수님의 이름으로 축원합니다. 아멘.

기쁨이 넘치는 크리스천의 인격 ②

기쁨이 넘치는 크리스천의 인격

✓ 빌립보서 2:1-30
✓ 요절: 빌립보서 2:5

"너희 안에 이 마음을 품으라 곧 그리스도 예수의 마음이니"

I. 너희 안에 이 마음을 품으라(1-11)
   1. 하나가 되라(1-4).
   2. 너희 안에 이 마음을 품으라(5-11).

II. 너희 구원을 이루라(2:12-28)
   1. 구원을 이루는 길(12,13)
   2. 구원을 이루는 자의 생활(14-16)
   3. 구원의 역사를 위하여 자기를 희생하는 바울(17,18)

III. 이와 같은 자를 존귀히 여기라(19-30)
   1. 디모데(19-24)
   2. 에바브로디도(25-30)

빌립보서 제 1강에서 크리스천의 인생관에 대해 공부했습니다. 그러면 크리스천의 인생관을 가진 사람은 어떠한 사람이 되어야 합니까? 오늘날 사람을 무엇으로 평가합니까? 많은 사람들이 그 사람의 됨됨이를 보지 않고, 그가 얼마나 크게 성공했는가, 얼마나 돈을 많이 가지고 있는가로 평가하고 있습니다. 심지어 기독교계에서도 마찬가지가 아닙니까? 이런 점에서 빌립보서 2강의 크리스천의 인격에 대한 말씀은 아주 중요한 말씀입니다.

빌립보 교회는 여러 가지 미덕을 가지고 있었습니다. 일찍부터 선교사업을 시작했고, 지도자를 위하여 기도하였으며, 갇힌 자를 돌아보았고, 복음을 위해 희생도 달게 받았습니다. 그래서 바울 사도는 그들을 자랑했으며 진정으로 "내가 너희를 생각할 때마다 하나님께 감사하노라"(1:3)고 했습니다.

그러나 에바브로디도의 보고에 따르면 그들에게도 잘못된 것이 있었습니다. 그것은 한 마음으로 서로 사랑하는 것이 부족했습니다. 그래서 분열과 반목이 있었습니다.

그리스도의 피 값을 주고 사신바 된 새 생명의 사람들이 왜 이렇게 된 것입니까? 그것은 그들의 신앙인격이 형성되지 않았기 때문에, 이기심과 교만에서 나온 것입니다. 이들의 신앙의 관심은 눈에 보이는 활동 중심이었습니다. 그러므로 아직 그리스도인의 내면적 인격이 형성되지 않았습니다.

일은 많이 하지만 성도들 사이에 아름다운 관계가 없어 기쁨이 없었습니다. 오히려 같은 신앙의 동역자를 만나면 피곤했습니다.

바울 사도는 그 해결책으로 2장에서 신자가 목표로 삼아야 할 신앙인격이 어떠한 것이며, 어떻게 가질 수 있는가를 말씀하십니다. 뿐만 아니라, 경쟁과 부담이 앞서는 성도들 사이의 인간관계를 기쁘고 즐거운 행복한 관계로 바꾸는 지혜도 말씀하고 있습니다.

I. 너희 안에 이 마음을 품으라(1-11)

빌립보 성도들의 형편은 고린도 교회나 갈라디아 교회처럼 크게 염려할 정도는 아니었습니다. 그래서 부드러운 어조로 권고하고 있습니다.

1. 하나가 되시오(1-4)

1, 2절을 보십시오. 새번역 성경은 "여러분이 그리스도의 권면을 받고 있습니까? 그리스도의 사랑의 위로를 받고 있습니까? 성령과 사귀고 있습니까? 서로 애정을 느끼고 동정하고 있습니까? 그렇다면 마음을 같이하고 같은 사랑을 가지

고 뜻을 합하여 하나로 뭉쳐 내 기쁨을 차고 넘치게 하시오."
라고 말씀합니다.

이 말씀을 좀더 요약하면 "너희가 그리스도의 권면을 받고,
사랑하고, 성령을 받았고, 예수를 참으로 믿으면 어찌해서
서로 연합을 못하느냐?"는 것입니다. 그리고 하나가 되는 방
법과 하나가 되지 못하는 문제점을 말씀하십니다.

① 하나가 되는 방법(2)

2절에서 바울 사도는 하나가 되는 방법을 3가지로 말씀하고
있습니다. 그것은 마음을 같이하는 것, 같은 사랑을 가지는
것, 뜻을 합하라는 것입니다. 여기서 마음을 같이한다는 것
은 합심이 아니라 동심(同心)입니다. 같은 마음을 가지고 합
하라는 뜻입니다. 그래서 크리스천은 같은 자극과 같은 욕망
에서 같은 사상과 같은 목적을 향해 전진해야 하는 것입니다.

그리고 같은 사랑이란 사랑의 정도가 같다는 것이 아닙니
다. 사랑의 대상이 같다는 것입니다. 크리스천의 사랑의 대
상은 예수 그리스도 뿐입니다. 예수님을 사랑의 대상으로 삼
을 때 성도들 사이에 서로 사랑할 수 있습니다. 또한 뜻을 합
한다는 것은 영과 혼을 한데 묶어서 의지적으로 합한다는 뜻
입니다. 이렇게 해서 마음을 같이하고 뜻을 합하고 사랑이
있을 때 하나가 될 수 있는 것입니다.

② 하나 됨에 방해물(3,4)

하나가 되는 방법을 말씀한 바울 사도는 하나가 되지 못하게 하는 방해물에 대해서 3가지 원인을 들고 있습니다. 그것은 다툼과 허영이요, 교만과 멸시며 자기 일만 돌아보는 것입니다.

"아무 일에든지 다툼이나 허영으로 하지 말고"라고 했습니다. 이것은 복음 역사 가운데도 있는 것입니다. 그 예로 사도행전 5:1-11에 보면 아나니아와 삽비라가 칭송과 인기를 차지하려고 선한 척하다가 교회를 어지럽히고 하나님의 벌을 받았습니다.

다툼이란 싸움을 발생시키는 당파심이요, 허영이란 잘난 듯이 뽐내는 자부심을 말합니다. 이런 생각은 그리스도의 사랑과 희생으로 이루어진 성도의 모임에 문제를 일으킵니다. 여기에 일을 하되 주님을 위해서가 아니라, 자기 자신의 명예와 출세를 위하여 일하려는 위험이 있습니다.

또한 교만과 멸시는 하나가 되는데 방해물입니다. 그래서 바울은 "오직 겸손한 마음으로 각각 자기보다 남을 낮게 여기고"라고 하셨습니다.

겸손이란 무엇입니까? 겸손은 인간이 자기를 하나님 앞에서 죄인으로 여기는 정직한 태도입니다. 하나님 앞에서 자기의 부족과 결함을 인식할 때 겸손해지는 것입니다. 또한 남을 자기보다 낮게 여기는 것은 먼저 자기 자신을 바로 알고

평가하는 것입니다. 남의 장점을 보고 단점을 보지 않는 것입니다. 성도들이 교만과 멸시를 물리치고 겸손하여 남을 자기보다 낮게 여길 때 성도는 화합하는 것입니다.

그리고 자기 일만 돌아보는 것이 하나가 되는 방해물입니다. 주의할 점은 자기일 자체를 돌아보는 것은 죄가 아닙니다. 더 나아가 자기를 존중하고 발전시키고 유용한 인물로 만들어야 합니다. 그러나 잊어서는 안 될 것은 자기라고 할 때, 자기 자신에게만 국한해서는 안됩니다. 자기가 행복하려면 자기에게 관련된 모든 사람이 행복해야 하는 것입니다.

많은 사람들이 살기 위하여 자기 제일주의로 생존경쟁을 일삼아 왔습니다. 그래서 신자들도 신앙생활을 한다고 하지만 개인주의적이요, 자기 일만 생각하는 이기적인 삶을 살고 있습니다. 또한 기도제목도 나와 나의 가정에 국한되고 좀 더 나가봐야 자기 친구까지만 생각하게 됩니다. 그러면 우리가 이 방해물을 이기고 어떻게 하나가 될 수 있겠습니까?

2. 너희 안에 이 마음을 품으라(5-11)

사람의 모든 일은 마음에서 시작됩니다. 그래서 마음이 중요합니다. 나의 마음이 어떠하느냐에 따라서 인생이 달라집니다. 세계적으로 유명한 문학가 세익스피어는 "마음이 즐거우면 종일 걸어도 고단치 않으나, 마음이 괴로우면 단 십리를 걸어도 피곤하다."고 했습니다.

사도 바울은 본문에서 "그리스도 예수의 마음을 품으라." 고 했습니다. 왜 그리스도 예수의 마음을 품어야 합니까? 신자가 그리스도 예수의 마음을 품고 있으면 신자가 가져야 할 신앙인격을 갖추게 되고, 신앙인격을 갖추게 되면 다 되는 것입니다. 그러면 그리스도 예수의 마음은 어떠한 마음입니까?

① 겸손한 마음(6, 7, 8)

예수님은 본래 하나님의 본체이셨습니다. '본체'였다는 것은 예수님 자신의 본질적이고 불변적인 신성을 나타내는 말입니다. 여기서 바울 사도가 확실하게 하고자 하는 것은 예수님은 하나님과 같다는 것이 아니라 하나님이셨다는 것입니다. 그래서 예수님은 하나님과 같이 영원히 살아계시고 창조주로서 천군천사와 만민의 경배를 받으실 수 있으셨습니다.

그러나 예수님은 하나님과 동등 된 자격과 권리를 주장하지도 않으시고, 처신하지도 않으시고, 인간을 구원하시려고 그것을 포기하시고, 사람의 모양으로 내려오신 것입니다. 즉 예수님은 사람이 되시기 위하여 하나님의 영광과 평화와 안정을 스스로 버리신 것입니다. 8절에 "사람의 모양으로 나타나사 자기를 낮추시고"라고 했습니다. 여기서 사람의 모양이란 예수님의 얼굴, 언어, 행동, 생활, 의복 등 모든 것이 사람과 똑같았다는 것입니다. 그래서 예수님은 보통 사람의 대우를 받으셨습니다. 예수님 자신을 인자라고 여러 번 말씀하셨습니다. 이것은 하나님의 본체이신 분이 종의 형체를 입으신 것입니다. 자기를 낮추신 것입니다. 예수님의 마음은 겸손입니다.

사람들은 어떠하든지 자기를 높이려고 합니다. 심지어 교계에서도 높은 지위를 차지하고자 수단 방법을 안 가리는 사람들이 있습니다. 되고자 무슨 짓이든지 하는 사람들이 있습니다. 한국 교계에서 총회장이 되기 위하여 돈을 쓰는 일은 이미 관행이 되었습니다. 오늘날 기독교가 타락하여 천주교가 인기를 끌고 있습니다. 그러나 알아야 할 것은 천주교의 교황은 베드로 사도의 후계자라고 자칭하며 하나님처럼 군림하고 있다는 것입니다.

예수님의 마음은 겸손입니다. 그러나 예수님으로부터 능력을 받아서 큰일을 하고자 이상한 곳을 좇아다니는 사람들이 많습니다. 또한 능력을 행하는 사람이 있으면 맹종하는 사람들이 있습니다. 종교개혁자 마틴 루터는 "나는 그리스도를 배우려고 할 때 그 이적을 배우지 않고 겸손을 배우겠다."라고 하였습니다. 성자(聖者)의 특징은 능력에 있지 않고 겸손에 있습니다.

② 복종하는 마음(8)

예수님은 사람이 되셨으며, 사람으로서 복종을 다 하셨습니다. 그리고 복종하시되 십자가에 죽기까지 복종하셨습니다. 죽음은 생명을 버리는 것입니다. 예수님이 죽으신 것은 하나님께 복종하심이며, 하나님의 뜻을 성취하신 것입니다. 이것은 예수님께서 하나님의 지상(至上) 명령 그대로 복종하신 것입니다. 예수님은 우리에게 좋은 본을 보여주셨습니다.

사무엘은 교만하여 하나님의 법도를 어긴 사울 왕에게 "순종이 제사보다 낫고 듣는 것이 수양의 기름보다 나으니"(삼상15:22)라고 하였습니다. 믿음의 조상 아브라함도 하나님의 독자 이삭을 제물로 바치라는 말씀에 순종하였습니다(창22장). 피조물인 사람에게는 창조주 하나님의 명령에 복종만이 있을 따름입니다.

예수님의 생애에서 가장 큰 특징은 겸손, 복종, 자기 부정입니다. 예수님은 자신의 뜻대로 행하지 않으시고 하나님의 뜻을 따르셨습니다. 만일 겸손과 순종과 자기포기가 예수님의 마음이요 최고의 특징이라면, 예수를 믿는 크리스천의 특징도 겸손과 순종과 자기포기가 되어야 하지 않겠습니까? 이 예수님의 마음을 품어야 하지 않겠습니까? 그래야 예수님의 향기가 난다고 할 것입니다.

③ 결과(9-11)

예수님이 스스로를 낮추시고 죽기까지 복종하신 결과는 하나님께서 그를 전보다 더 높은 자리로 올리신 것입니다. 하나님께서 예수의 이름을 뛰어나게 하셨습니다. 그래서 예수의 이름은 크리스천의 기본 재산이 됩니다.

우리는 예수 이름으로 하나님의 자녀가 되어 하늘나라를 기업으로 상속받습니다(요1:12,13). 예수 이름으로 죄악과 사망에서 구원받고, 예수 이름으로 구원을 성취합니다. 베드로는 예수 이름으로 앉은뱅이를 일으켜 세웠습니다(행3:6-8). 그뿐 아니라 하나님은 모든 무릎을 예수 이름 앞에 꿇게 하셨습니다. 즉 모든 피조물이 다 예수님 앞에 무릎을 꿇고 예배할 날이 올 것입니다.

그리고 모든 입으로 예수 그리스도를 주라 시인하여 하나님 아버지께 영광을 돌리게 하셨습니다. 여기서 주라는 말은 하나님이란 뜻입니다. 그래서 예수님을 주로 시인하는 것은 곧 예수는 하나님이시라는 말입니다. 그러므로 예수님을 주라고 부를 때 이 고백은 예수님이 하나님과 같으신 만유의 대주재가 되시며, 만왕의 왕이 되시고, 생명의 주가 되신다는 의미를 내포한 신앙고백이 됩니다.

이 모든 것은 결과적으로 하나님께 영광을 돌리기 위함입니다. 예수님의 모든 사업과 생애와 목표는 예수님 자신의 영광을 위한 것이 아니고, 오직 하나님의 영광을 위한 것이었습니다. 그러므로 크리스천들이 오직 하나님의 영광을 위하여 살고자 할 때 겸손과 복종의 생활을 할 수가 있습니다. 섬기는 생활을 할 수가 있습니다. 그리고 실제로 이러한 그리스도의 마음을 품는 신앙인격을 갖게 될 때, 그 인생은 가장 존경과 사랑을 받는 행복한 인생이 되는 것입니다.

Ⅱ. 너희 구원을 이루라(2:12-28)

우리는 예수 그리스도의 인격을 생각합니다. 그러나 그리스도의 인격은 나와는 거리가 멀고 그렇게 될 가능성조차 보이질 않는 것 같아 화가 나기도 합니다. 그래서 아예 포기하고도 싶습니다. 사도 바울은 빌립보 성도들의 속마음을 잘 알고서 그들이 그리스도의 마음을 품을 수 있는 비결을 가르쳐주고 있습니다.

1. 구원을 이루는 길(12,13)

바울 사도는 구원받아 성도가 된 빌립보 성도들에게 "너희 구원을 이루라"고 말씀하고 있습니다. 그러면 여기서 구원이란 무슨 뜻입니까? 여기서 '구원'이란 하나님의 자녀로 거듭

난 사람들이 성화를 이루어 가는 것, 즉 그리스도의 인격을 닮아가는 것을 말합니다. 바울은 어떻게 그리스도의 인격을 닮아갈 수 있다고 합니까?

① 두렵고 떨림으로 구원을 이루라.
여기서 두렵고 떨림이란 노예가 주인 앞에서 굽실거리는 두려움이나 떨리는 행위가 아닙니다. 하나님의 말씀을 황공한 마음으로 순종하며 경외하라는 뜻입니다. 그러나 어떤 사람은 예배하러 나와서도 경건미나 진지한 노력이 보이지 않습니다. 여기서 두려움이란 하나님을 섬김에 있어서 그 분의 뜻을 거스리지나 않을까 하는 겸손한 두려움입니다. 현대인들은 하나님 보다 사람을 두려워합니다. 왜 그렇습니까? 하나님을 잊어버리고 세상의 것을 우선 순위에 놓기 때문입니다. 여기서 "하나님을 두려워하느냐?", "사람을 두려워하느냐?" 하는 결정은 생사를 결정하는 중대한 인생문제입니다.
　성도들이여!
그러므로 우리 성도들은 구원을 이루기 위하여 항상 "하나님의 이름을 손상시키지 않을까?", "예수님을 다시 십자가에 못 박는 행위를 하지 않을까?" 하는 염려와 조심성을 가져야 하는 것입니다. 그렇게 두려움과 떨림의 진지한 신앙생활을 할 때 그 결과는 어떻게 됩니까?

② 하나님께서 역사하십니다.

두렵고 떨리는 진지한 신앙생활을 하는 신자에게 하나님께서 성령의 능력으로 역사하십니다. 그래서 성령의 열매 즉, 사랑, 희락, 화평, 오래 참음, 자비, 양선, 충성, 온유, 절제(갈5:22,23)를 갖추는 신앙인격을 형성하게 되는 것입니다. 이것을 바울 사도는 롬8:29에서 그리스도의 형상을 본받는 것이라고 합니다.

예수 믿고 구원받아 하나님의 자녀가 되는 것은 성령님의 역사입니다. 그러나 여기서 말씀하는 구원은 자기 자신이 이루는 것입니다. 그래서 구원을 이루기 위해서 신자는 지도자가 있던지 없던지, 자립해서 신앙생활을 계속하여 예수님을 본받는 생활을 해야 되는 것입니다. 바울은 예수 믿고 그리스도를 본받는 삶을 살았습니다. 그리스도를 본 받고자 바울은 "내 몸에 예수의 흔적을 지니고 있노라"(갈6:17)고 하였습니다. 또한 빌3:17에 "나를 본 받으라"고 합니다.

2. 구원을 이루는 자의 생활

지금까지 우리는 구원을 이루는 길을 생각하였습니다. 그러면 구원을 이루는 자의 생활은 어떻게 해야 합니까? 14절을 보십시오. 바울은 "모든 일을 원망과 시비가 없이 하라"고

하십니다. 원망이란 불평하는 것입니다. 시비는 '따진다', '질문한다', '언쟁하다'는 뜻입니다. 공동번역에는 "무슨 일을 하든지 불평을 하거나 다투지 마십시오."라고 했습니다.

이 말씀은 성도는 세상 모든 일에서 원망과 시비가 없이 기뻐하는 것입니다. 그러므로 문제가 있든지 없든지, 일이 잘되든지 실패하든지, 모든 일에 있어서 원망과 시비가 없이 즐거워하는 생활을 하라는 것입니다. 그렇게 할 때 어그러지고 거스리는 세대 즉, 틀어지고 부패한 세상에서 모든 일에 원망과 시비 가운데 살고 있는 세상사람 가운데서 하나님의 흠 없는 자녀로서 인격적인 영향력을 끼치게 되는 것입니다.

또한 구원을 이루는 자의 생활은 16절을 볼 때 "생명의 말씀을 밝히는 것"입니다. 여기서 생명의 말씀을 밝힌다는 뜻은 "말씀을 굳게 지키는 생활을 하는 것"(RSV)과 "말씀을 가르치는 생활"(KJV)을 말합니다. 그러므로 구원을 이루는 자의 생활은 자신이 말씀을 붙잡고 말씀을 지키는 생활을 하므로 생활 속에서 인격으로 나타내 보일 뿐만 아니라, 말씀을 전파하는 사명을 감당하는 것입니다.

3. 구원의 역사를 위해 자기를 희생하려는 바울(17,18)

17,18절입니다. "만일 너희 믿음의 제물과 섬김 위에 내가

나를 관제로 드릴지라도 나는 기뻐하고 너희 무리와 함께 기뻐하리니 이와 같이 너희도 기뻐하고 나와 함께 기뻐하라."

이 말씀은 바울이 빌립보 성도들의 신앙생활과 행위, 핍박과 시련 가운데서 복음을 증거하고 수고하는 그 위에 자기의 피를 흘릴지라도 두려워 하지 않겠다는 것입니다. 즉 순교의 관제(제물 위에 포도주를 붓는 제사)를 부어서 하나님께 바쳐드리는 일이 있을지라도 기뻐하고 기뻐한다는 것입니다. 이 말씀은 예수님의 마음을 품기까지 구원을 이룬 바울 사도의 간증입니다. 이 간증은 교만과 이기심이 생긴 빌립보 성도들이 그리스도의 마음을 품도록 하려는 간증입니다.

또한 희생과 봉사와 고난 가운데서 인격이 형성된 바울의 간증으로서 빌립보 성도들이 이를 보고 인격을 이루고 서로 사랑한다면 바울 자신이 기쁘겠다는 말씀입니다. 틀림없이 이 편지를 읽은 빌립보 성도들은 심장을 찌르는 듯한 감동을 받았을 것입니다.

크리스천은 하나님께 드려진 산 제물입니다. 산 제물로서 자신의 구원을 완성하는 것입니다. 롬12:1에서 사도 바울은 "너희 몸을 하나님이 기뻐하시는 거룩한 산 제물로 드리라"고 했습니다. 예수님도 그 몸을 산 제사로 드렸습니다. 우리 성도들도 하나님께 산 제사로 드리는 생활을 할 때 기쁨이 충만합니다. 기쁨이 넘치는 것입니다.

III. 이와 같은 자를 존귀히 여기라(19-30)

이제까지 바울은 그리스도와 바울 자신의 이야기를 했습니다. 그런데 이 두 분은 너무나 엄청난 분들이어서 본받기를 감히 엄두도 내지 못할까 생각했습니다. 예수님은 신성과 인성을 가진 분이시고, 바울은 사도니까 그럴 수 있지만, 내가 어떻게 그런 생활을 할 수 있을까 생각할 수 있습니다. 그래서 바울은 그리스도의 마음을 품은 두 사람의 예를 들고 있습니다.

1. 디모데(19-24)

디모데는 루스드라 출신으로 어머니는 유대인이요 아버지는 헬라인입니다(행16:1). 그는 할례를 받았고(행16:3) 바울은 그를 나의 아들이라고 불렀으며(딤전1:18), 빌립보에서 바울과 같이 있었습니다(행16장). 사도행전17:1-14을 보면 데살로기나와 베뢰아에서도 같이 있었고, 고린도와 에베소에서도 같이 있었습니다(행18:5, 19:21,22).

디모데는 복음의 일꾼이었습니다. 복음의 일꾼에는 두 종류가 있었습니다. 하나는 먼저 자기를 생각하고 그리스도의 교회를 둘째로 하는 사람들로서 자기의 사적인 일과 이익을 더 생각하는 사람들입니다. 다른 하나는 그 반대로 그리스도를 사랑하고 자기의 일을 뒤로하는 사람들입니다.

그런데 디모데는 바울의 많은 동역자들이 다 자기의 일을 구할 때 예수의 일을 구하는 사람으로서 남의 사정을 생각할 줄 아는 사람이었습니다(21). 다른 사람들이 자기의 유익의 길을 갈 때 예수님과 양무리를 위해서 희생의 길을 갔습니다. 즉 그는 예수님의 마음을 품은 자였습니다. 왜냐하면 예수님도 자신의 일을 구하지 않으셨기 때문입니다.

본래 디모데는 젊고 미숙한 사람이었습니다. 그는 육체적으로도 건강하지 못했습니다(딤전5:23). 겁이 많고 수줍은 성격의 소유자였습니다(고전16:10). 그러나 진실했습니다. 그는 많은 연단을 받았습니다. 그래서 바울의 동역자가 되었고, 그리스도의 종일 뿐 아니라 바울의 영적인 아들로 인정을 받았습니다. 그는 이제 시공을 초월하여 그리스도인의 향기를 끼치고 있는 것입니다.

2. 에바브로디도(25-30)

디모데는 절반쯤 이방인이었으나 에바브로디도는 완전히 이방인이었습니다. 그는 바울이 감옥에 갇혔다는 소식을 듣고 빌립보 성도들이 정성어린 헌금을 한 것을 바울에게 전해주는 역할을 하였습니다. 뿐만 아니라 바울 곁에 머물러 바울의 수종을 들었습니다. 바울은 그를 어떻게 생각했습니까?

25절에 "그는 나의 형제요 함께 수고하고 함께 군사 된 자요 너희 사자로 내가 쓸 것을 돕는 자라"고 하였습니다. 에바브로디도는 평신도였습니다. 그러나 바울은 그에게 자기와 동등한 대우를 한 것입니다. 그는 평신도로서 바울을 도왔지만 확실히 용감하고 충성스러운 봉사자였습니다.

왜냐하면 사형선고를 받을 가능성이 많은 죄수를 찾아가서 그의 수종자가 되는 것은 자기의 생명을 건 모험이었기 때문입니다. 30절을 보면 에바브로디도는 그리스도의 일을 위하여 죽기에 이르러도 자기 목숨을 돌아보지 않고 사도를 도왔습니다. 그는 죽음을 무릅쓰고 자기의 임무를 완수하는 순교적 신앙의 사람이었습니다.

사실 빌립보 교회가 바울의 선교비를 돕고 가장 사랑하는 교회가 되어진 것도 에바브로디도와 같은 충성된 한 사람이 있었기 때문이었습니다. 에바브로디도는 그 이름의 뜻이 '매력적인', '사랑스러운'이란 뜻입니다. 그는 아무런 지위도 없는 평신도였지만 이름 그대로 희생과 봉사와 헌신을 하는 아름다운 마음을 보여준 사람이었습니다. 그는 장로나 권사나 집사도 아니지만 그리스도의 마음을 품은 사람인 것입니다.

바울은 29절에서 "이와 같은 자들을 존귀히 여기라"고 말쓸하십니다. 세상 사람들처럼 외적인 모습을 따라 사람을 평가하지 말고, 그 내면적인 인격을 따라 평가하고 존경하고 본받으라 합니다. 왜냐하면 그렇게 할 때에 빌립보 성도들은 아름다운 교제를 갖게 되고 따라서 큰 기쁨이 넘치게 될 것이기 때문입니다.

결 론

신앙생활에서 기쁨을 빼앗아가는 두 번째 요소는 사람에 대한 잘못된 판단 기준 때문입니다. 다시 말해서 인간관계가 잘못된 데에 있습니다.

그러면 기쁨을 소유하려면 어떻게 해야 합니까? 그것은 그리스도의 형상을 닮은 인격을 형성해야 합니다. 물론 신앙생활에 있어서 업적이나 활발한 활동이 필요합니다. 그러나 그것보다 더 중요한 것은 신앙인격이 형성되어야 합니다. 즉 성화가 되어야 하는 것입니다.

우리가 자신의 인격을 생각할 때 절망할 수밖에 없습니다. 그러나 우리가 알아야 할 것은 바울이나 디모데, 에바브로디도는 자신의 노력에 의한 것이 아니라, 생명의 역사에 의해 변화된 것입니다.

우리는 이제까지 주로 부모나 스승이나 주위 사람들을 닮아왔습니다. 그러나 이제부터는 예수님의 마음을 닮고자 예수님의 마음을 품어야 하겠습니다. 우리는 예수님의 마음을 품고 바울과 디모데, 에바브로디도의 인격을 사모하여야 하겠습니다. 그러할 때 성령께서 우리를 친히 변화시켜주실 것입니다. 여기에 우리의 소망이 있습니다.

토마스 아 켐피스(Thomas a Kempis, 1380-1471)는 불후의 명작 「그리스도를 본받아」(The Imitation of Christ)를 썼습니다. 저는 대학 1학년 때 예수를 믿고 이 책을 읽으면서 예수님을 본받기를 소망하면서 기도했습니다. 지금 70세의 인생길을 달려왔습니다. 도중에 많은 실수가 있었지만 낙심하지 않고 지금도 주님을 닮고자 달려가고 있습니다.

생각해 보십시오. 나같이 추한 죄인이 예수님을 본받게 되는 놀라운 사실을 생각할 때 가슴이 벅차지 않습니까? 5절 말씀입니다.

"너희 안에 이 마음을 품으라 곧 그리스도 예수의 마음이니"

기쁨이 넘치는 크리스천의 가치관 ③

기쁨이 넘치는
크리스천의 가치관

- 본문: 빌립보서 3:1-21
- 요절: 빌립보서 3:8,9

또한 모든 것을 해로 여김은 내 주 그리스도 예수를 아는 지식이 가장 고상함을 인함이라. 내가 그를 위하여 모든 것을 잃어버리고 배설물로 여김은 그리스도를 얻고 그 안에서 발견되려 함이니 …

I. 바울의 가치관의 변화(1-11)
  1. 그리스도를 만나기 전(4-6)
  2. 그리스도를 만난 후(7-11)

II. 바울의 푯대를 향하는 생활(12-16)
  1. 오직 한 일에 전념했습니다(13).
  2. 뒤의 일은 잊어버렸습니다(13).
  3. 앞에 있는 것을 잡으려고 했습니다(13).
  4. 그리스도 안에서 달렸습니다(14).
  5. 그대로 행할 것이라(16).

III. 바울의 눈물어린 권면(17-21)
  1. 세속적인 가치관을 가진 자
  2. 신앙적인 가치관을 가진 자

사람은 누구나 기쁘고 행복한 인생을 살기를 원합니다. 오늘
날 많은 사람들은 돈을 많이 벌면 기쁘고 행복할 줄 알고 무슨
짓이든 하지만, 돈을 많이 번다고 행복한 인생이 되지 않는다
는 것은 누구나 아는 사실입니다. 기쁘고 행복한 인생이 되려
면 무엇보다도 올바른 가치관을 가지고 살아야 합니다. 가치
관이란 무슨 뜻입니까?

백과사전에 "가치관(價値觀)은 가치에 대한 관점을 말한다.
가치 의식이라고도 한다. 가치관은 사회사상과 일상생활의 의
식의 결합 속에서 형성되며, 그 개념은 두 가지 측면을 내포한
다. 첫째는 어떠한 행위가 옳고 어떠한 행위가 틀린 것이냐 하
는 도덕적 판단의 기준이다. 둘째는 어떠한 상태가 행복하고,
어떠한 상태가 불행한가를 판단하는 가치관이다. 양자는 서로
함께 생활이나 행동을 판가름하는 기준이 된다."고 말하고 있
습니다.

3장은 빌립보서 중에서 가장 사랑받는 장입니다. 이 장을 통
하여 바울은 그리스도인의 생활에 대한 중요한 교리를 설명하
고 있으며, 주 예수를 알고 섬기고자 하는 자신의 개인적인 소
망을 감동적인 언어로 나타내고 있습니다.

사도 바울은 1절에서 "주 안에서 기뻐하라"고 권면하고 있
습니다. 왜 이러한 말씀을 하시는 것입니까? 그것은 빌립보 성
도들이 신자가 되었지만 신앙 가운데서 기뻐하기 보다는 세상

적으로 기쁨을 찾고 있기 때문입니다. 2절에 "개들을 삼가고 행악하는 자들을 삼가고 몸을 상해하는 일(손할례당)을 삼가라."하십니다. 여기서 개나 행악자나 손할례당은 유대 거짓선생에 대한 표현입니다.

사도 바울이 볼 때 빌립보 성도들이 주 안에서 기뻐하지 못하는 이유는 개같이 악을 행하는 손할례당의 잘못된 가르침과 빌립보 성도들의 어린 믿음 때문이었습니다. 이들의 문제는 3절과 비교해 볼 때, 하나님의 성령으로 봉사하는 대신 율법과 인간노력과 자기욕심에 기초하여 봉사하는데 있었습니다. 또한 그리스도 자랑이 아니라 자기 자랑에 있었습니다. 이들의 문제는 한마디로 말해서 육체를 신뢰하는 것, 즉 세속적인 가치관에 있었습니다.

빌립보 성도들은 신앙생활을 하고 있으나 그들의 가치관이 세속적이었습니다. 그래서 사도 바울은 자기 자신의 인생 체험을 간증하는 가운데 참 기쁨이 넘치는 신앙생활을 하려면 그 가치관이 신앙적이어야 함을 말씀하고 있습니다.

I. 사도 바울의 가치관의 변화(1-11)

사도 바울은 사랑하는 빌립보 성도들에게 그들의 현재의 문제가 무엇이며, 어떻게 해결해야 하는가를 가르쳐주기 위해

서 자신이 예수님을 만나기 전의 가치관이 어떠했으며, 예수
님을 만난 후 어떻게 변했는가를 간증하고 있습니다.

1. 그리스도를 만나기 전(4-6)

그는 예수 그리스도를 만나기 전에 어떤 사람이었습니까?
세상적으로 자기도 자랑할 만한 사람이었음을 이야기하고
있습니다. 5절에 8일 만에 "할례"를 받았다고 하였습니다.
할례는 하나님께서 아브라함에게 명하신 것으로(창17:12)
이스라엘의 율법이 되었습니다. 난지 8일 만에 할례를 행하
는 것은 아브라함의 자손에게만 행하는 것이었습니다. 그러
므로 바울은 나면서부터 정통 아브라함의 자손이요 율법의
의식을 법대로 지켜서 유대교의 특권을 가진 자였습니다.
  "이스라엘의 족속"이라 했습니다. 유대인들은 하나님과 특
별한 관계를 내세울 때 이스라엘이란 이름을 사용했습니다.
이것은 유대인의 역사에 있어서 하나님의 택하신 백성을 가
리키는 자랑스러운 이름이었고, 바울이 그 후손이라는 것입
니다.
  "베냐민의 지파"라 했습니다. 베냐민은 야곱이 특별히 사
랑하는 아내 라헬의 아들로서 가나안에서 태어났습니다(창
35:17,18). 이스라엘 초대 왕 사울이 베냐민 지파요(삼상

9:1,2), 또한 이스라엘 왕국이 남북으로 나뉠 때 유다와 베냐민 지파만 남았습니다(왕상12:21). 에스더의 주인공 모르드개도 베냐민 지파였습니다(에2:5). 그러므로 베냐민 지파는 유대민족사에 있어서 이스라엘의 명문이었습니다. 이렇게 바울은 나면서부터 순수한 유대민족일 뿐 아니라 최고 귀족 가문의 출신이었습니다.

또한 "히브리인 중의 히브리인"이었습니다. 이 말은 히브리어를 사용하는 정통 히브리인이라는 뜻입니다. 유대인은 오랜 역사를 통하여 세계에 분산되어 살면서 다른 언어를 쓰기도 했습니다. 그러나 바울은 그 조상 중에 어느 하나도 이방인과 잡혼하거나 헬라화한 사람이 없이 민족의 지조를 지켜온 가문 출신이었습니다. 바울은 이방 도시 다소에서 태어났으나 예루살렘에 가서 그 당시 가장 고명한 스승인 가말리엘의 문하에서 공부를 했습니다(행22:3).

"율법으로는 바리새인"이었습니다. 바리새인은 율법을 엄격히 지킨 파이며, 율법준수에 전념하기 위해 생활과 일반 직업을 떠났고 유대종교의 정통파로 그 나라에 6천명 내외였고 유대인들의 정신적 지도자들이었습니다.

"열심으로는 교회를 핍박"하였습니다. 유대인들에게 있어서 종교적 열심은 가장 큰 미덕이요 최대로 칭찬의 대상이었습니다. 바울은 자신이 스데반을 죽이는 일에 주측이 되었고, 예수교는 유대교에 침해된다 하며 모든 크리스천들을 다 잡아 죽이고 가두었습니다. 또 다메섹까지 쫓아가는 열심이 있었습니다. 그는 열광적으로 유대교를 섬긴 자였습니다.

"율법의 의로는 흠이 없는 자"였습니다. 이것은 율법이 그의 생활의 척도가 되어서 아주 철저하게 지켜 흠이 없는 생활을 하였음을 말해주고 있습니다. 이것뿐만 아니라 4절에 "육체를 신뢰할 만하다."고 했습니다. 이것은 그가 로마 시민권을 가지고 있으며 미래가 보장된 인물임을 말합니다.

바울은 그리스도를 만나기 전에는 이러한 것을 귀하게 여기고 자랑했으며, 그의 최고의 가치, 최고의 영광으로 삼았던 것입니다. 한마디로 그는 세상에 깃발을 날리는 사람이었습니다. 이와 같은 것을 추구해 온 바울이 그리스도를 만난 후 어떻게 변화되었습니까?

2. 그리스도를 만난 후(7-11)

4-6절에서 살펴본 대로 바울은 세상적으로 더 이상 부러움이 없는 자였습니다. 깃발을 날리는 자였습니다. 그러한 그가 다메섹으로 가는 길에서 예수님을 만났습니다. 7,8절에 보면 사도 바울은 그리스도를 만난 후 가장 고상한 것이 "그리스도 예수를 아는 지식"이라고 고백합니다. 새 번역에는

그리스도를 아는 지식이 무엇보다 존귀하다고 했습니다.

그는 그리스도를 만나고 그 가치관이 변화되었습니다. 그리스도를 통하여 변화를 받아 영안이 밝아져 세상에서 출세하고, 학벌 있고, 권세와 부귀를 한 몸에 누리는 모든 것에 대해 재평가를 하게 된 것입니다. 그의 가치평가는 옛날에 가치 있게 생각한 것이 지금은 배설물 밖에 되지 않는다는 것입니다. 그래서 그것을 분토와 같이 버리고 천막을 수리해 가며 복음의 전도자가 된 것입니다. 그러면 그리스도를 만난 후 바울이 추구하는 바가 무엇입니까?

① 그리스도를 얻고자 했습니다(8).

과거에 바울은 자기에게 유익하던 것을 얻고자 했습니다. 그런 그가 이제 모든 것을 잃어버리고 배설물로 여기고 그리스도를 얻고자 한 것입니다. 그가 얻은 특권과 공적은 온전히 손실이외에 아무것도 아니라는 결론을 내렸습니다. 바울은 세상의 영화를 주고 그리스도를 얻었습니다. 세상에는 재물을 얻으려고 자기 생명을 버린 자도 있지만, 바울은 자기가 얻었던 온갖 것들을 지불하고 그리스도를 소유했습니다.

그런데 우리는 그리스도를 믿는다고 하면서도 진리와 생명이신 그리스도를 따르기 보다는 세상에서 살기 위해 얼마나 합리화를 많이 하며 적당하게 살려고 합니까? 아니, 예수를 믿고 바울이 내버린 것들을 얻고자 애쓰고 있지는 않습니까?

앗시스의 성 프란시스는 부유한 상인의 장남으로 태어났습니다. 그는 부상병으로 있을 때 인생을 깨닫고 그리스도를 믿은 후 청빈, 정결, 복종의 생활을 함으로 핍박을 받았습니다. 그는 "이제라도 예수를 버리면 가문의 장남으로서 막대한 재산 상속을 받을 수 있으나 그렇지 않으면 모든 권리를 박탈당한다."는 재판장의 판결을 받았습니다.

이때 그는 두르고 있던 망토를 자기 아버지에게 벗어주고 모든 것을 포기하고 다만 한 손에 지팡이와 다른 한 손에 성경을 들고 무너진 교회당을 향해 올라갔습니다. 그리고 마침내 세계의 성자로 추앙받았으며, 전 이태리를 변화시키는 큰 역사를 일으켰습니다.

모세도 그랬습니다. 히11:24-26에 "믿음으로 모세는 장성하여 바로의 공주의 아들이라 칭함 받기를 거절하고, 도리어 하나님의 백성과 함께 고난 받기를 잠시 죄악의 낙을 누리는 것보다 더 좋아하고, 그리스도를 위하여 받는 수모를 애굽의 모든 보화 보다 더 큰 재물로 여겼으니 이는 상 주심을 바라봄이라."했습니다.

1985년 제가 영국에 있을 때 ANCC에서 만난 방글라데쉬의 디모데 목사도 예수님 때문에 아버지와 이별하여 부자인 아버지의 재산을 물려받지 않았다고 했습니다. 유교적인 가정에서 장남으로 태어난 저도 1963년 겨울, 예수님을 따르기 위해서 가정을 떠났었습니다.

② 그리스도 안에서 발견되고자 했습니다(9).
바울은 과거에 세상에서 발견되고자 했습니다. 그러나 이제는 그리스도 안에서 발견되고자 했습니다. 여기서 "그 안에서의 발견"은 "사람을 찾아서 만난다", "진상을 조사해서 알아낸다"는 뜻입니다. 그는 과거에 세상에서 발견되기 위해서 모든 노력을 다 했습니다. 그러나 이제 그는 그리스도 안에서 발견되는 것, 즉 그리스도를 믿음으로 말미암아 하나님의 의를 얻고자 했습니다.

③ 그리스도를 알고자 했습니다(10).
바울은 과거에 초등학문을 알고자 했습니다. 그러나 그리스도를 만난 후에는 그리스도를 알고자 했습니다. 이것은 그리스도를 아는 지식의 우수함과 절대가치를 말합니다. 여기서 바울이 알고자 한다는 것은 단순히 지성적 지식이나 어떠한 원칙에 대한 지식 또는 사실이나 이론이 아니라, 사람에 대해 인격적, 경험적으로 얻는 지식을 말합니다. 바울은 그리스도를 인격적으로 경험적으로 알고자 한 것입니다.

④ 그리스도의 고난에 참여하고자 했습니다(10).

그는 과거에 그리스도와 크리스천을 배설물로 알고 핍박하고 죽이는 일을 했습니다. 그런데 그 바울이 그리스도를 만난 후 그리스도의 고난에 참여코자 한 것입니다. 신자는 그리스도의 고난에 동참해야 합니다. 로마서8:17에 "자녀이면 또한 상속자 곧 하나님의 상속자요 그리스도와 함께한 상속자니 우리가 그와 함께 영광을 받기위하여 고난도 함께 받아야 될 것이니라."고 말씀했습니다.

그리스도의 고난에 동참한다는 것이 무엇입니까? 그것은 그리스도의 십자가를 나누어지는 것입니다. 예수 이름으로 매 맞음과 돌에 맞음과 목마름과 핍박을 견디는 것입니다. 크리스천은 믿음 때문에 오는 고난을 각오해야 합니다. 예수를 믿기 때문에 사업상 손해를 보고, 가정에서 핍박을 받을 수 있고, 친구로부터 버림을 당할 수도 있는 것입니다. 이런 모든 고난을 각오해야 합니다.

그런데 만일 우리가 고난이 없으면 참으로 그리스도 안에 있는 것이 아닙니다. 그래서 디모데후서 3:12절에 "무릇 그리스도 예수 안에서 경건하게 살고자 하는 자는 박해를 받으리라."했습니다. 우리 신자는 고난을 회피하는 자가 아니라 그리스도 안에서 고난을 받으며 연단을 받아 더 강하고 견고하게 성장해 가는 것입니다.

⑤ 부활에 이르고자 했습니다(11).

11절에 바울은 "어떻게 해서든지 죽은 자 가운데서 부활에 이르려 하노니"라고 했습니다. 이 말씀은 부활에 대한 강한 소망을 보여주고 있습니다. 이 강력한 소망이 있었기 때문에 모든 것을 버릴 수 있었습니다. 바울에게 남은 것은 예수의 부활에 참여하는 것 밖에 없었습니다. 무슨 모양으로든지 부활에 이르기를 원했습니다. 여기서 부활은 주님이 재림하실 때 공중에서 주를 영접하는 공중 혼인잔치의 부활을 의미하는 것입니다(살전4:13-18).

이상으로 우리는 바울이 그리스도를 만난 후 어떻게 그 가치관이 변화되었는가를 생각해 보았습니다. 여기서 우리는 "크리스천의 가치관이 어떻게 되어야 하는가?"를 배웠습니다. 크리스천은 그리스도인입니다. 그리스도의 사람입니다.

크리스천은 예수와 함께 연합된 자로 자기는 죽고 그리스도가 자기 속에 살아있는 자입니다(롬6:3-5, 갈2:20). 그러므로 그리스도를 통해서 사물을 바라보아야 합니다. 사울(큰 자)이 그리스도를 만나 변화하여 바울(작은 자)이 되었습니다. 우리도 크리스천으로서 사도 바울이 가진 가치관을 가져야 합니다. 그 가치관을 가질 때 참 기쁨이 넘치게 됩니다.

I. 바울의 푯대를 향하는 생활(12-16)

1-11절을 통해서 사도 바울의 과거에 체험한 간증을 살펴보 았습니다. 그런데 바울은 12-16절에서 현재 자신의 신앙생 활에 대한 자세를 말씀하고 있습니다. 그가 말하는 현재 생 활은 자기는 그리스도를 최고의 가치로 삼았는데 지금도 그 가치를 추구하고 있다고 합니다. 그리고 현재의 생활을 운동 선수에 비유하여 푯대를 향해 달려가고 있다고 합니다.

그러면 바울의 푯대는 무엇입니까? 그 푯대는 그리스도 를 닮는 것입니다. 10, 11절입니다. "내가 그리스도와 그 부 활의 권능과 그 고난에 참여함을 알고자 하여 그의 죽으심을 본받아 어떻게 해서든지 죽은 자 가운데서 부활에 이르려하 노니"

그러면 푯대를 향하여 달려가는 바울의 생활태도를 생각해 봅시다.

행 9:1-9 에 보면, 바울은 크리스천들을 잡으려고 다메섹 으로 가던 길에 그만 예수님께 붙잡혔습니다. 바울은 그때부 터 달리기 시작했습니다. 그가 빌립보서를 쓸 때는 그의 인 생을 거의 다 살았을 때입니다. 그러나 이때 그는 놀라운 간 증을 합니다. 12절에 "내가 이미 얻었다함도 아니요 온전히 이루었다함도 아니라 오직 내가 그리스도 예수께 잡힌바 된 그것을 잡으려고 달려가노라."고 고백합니다.

바울은 그리스도께 잡혀서 자신의 구원에 이르고, 또 이방인의 사도로서 쓰임을 받았습니다. 그는 자기를 붙드신 주님의 뜻을 이루기 위해 필사의 노력을 다 했습니다. 사실 가룟유다 역시 예수님께 붙잡힌 바 된 사람이었습니다. 그러나 그는 예수님을 팔아먹은 배반자의 인생이 되고 말았습니다. 왜 그렇게 된 것입니까? 그것은 자기가 예수님께 잡힌바 된 목적을 참으로 알지 못하고, 자기에게 잡혀서 그 목적을 저버렸기 때문입니다.

사랑하는 성도들이여!

사람은 누구든지 그 무엇에 붙잡혀 살아갑니다. 사람에게 붙잡히면 사람의 종이 되고, 마귀에게 붙잡히면 마귀의 종이 되고, 돈에게 붙잡히면 돈의 종이 됩니다. 허영에 붙잡히면 허영의 종이 되며, 자신에게 붙잡히면 자신의 종이 됩니다. 그런데 이러한 것들에 종이 되면 모든 결과는 비참합니다. 괴로움이 따르며 결국 죽고 망하고 심판을 받게 됩니다.

그러나 그리스도께 붙잡히면 참된 인생을 살게 되고 그 결과가 더욱 빛나게 됩니다. 그리스도인은 누구나 어떤 일을 하던지 예수께 붙잡힌 사람들입니다. 그러므로 자기를 붙드신 목적과 계획을 실현하기 위해서 전력을 다해야 할 것입니다.

바울은 어떻게 목적을 위해 온 힘을 다하여 자신의 일생을 불태울 수 있었는지 생각해 봅시다.

1. 오직 한 일에 전념했습니다(13).

전진을 위해서 제일 필요한 것은 정신집중입니다. 경기에 있어서 경주자는 오직 경주에서 우승 그 자체를 위하여 달려가야 하는 것이 아닙니까? 경주자는 우승 이외의 것은 다 버려야 합니다. 이와 마찬가지로 신앙은 단순해야 되고 전념해야 되고, 전력해야 됩니다.

사도 바울은 예수님께서 그의 앞에 세워놓은 목표에서 잠시도 눈을 팔지 않았습니다. 그것을 얻는 것이 단 하나의 목적이었으며 그의 목표에 생각과 소망과 정열을 모두 집중시켰습니다. 주님을 따른다 하면서도 생활이 복잡하고 일을 많이 벌려놓고 수습하지 못해 힘겨워하는 성도가 있습니다. 삶이 단순하지 못하면 주님께 집중하기가 어렵습니다. 자신의 삶을 돌아보며 점검의 시간을 가져보기 바랍니다.

2. 뒤의 일은 잊어버렸습니다(13).

전진을 위해 그 다음에 필요한 것은 과거를 잊어버리는 것입니다. 물론 과거를 잊어버린다는 것은 과거에 대한 반성이나 회고를 그만두라는 것은 아닙니다. 바울이 말하는 것은 과거의 실수나 자랑으로 인해서 미래의 승리와 소망을 마비시키지 않게 하라는 것입니다.

"나는 전에 너무나 실패가 많았다. 앞으로 더해 볼 필요가 없다. 죄악이 나를 망하게 했다."는 생각은 금물입니다. 죄 짐은 예수님이 맡아주셨으므로 뒤를 돌아보지 말고 용기를 내야 합니다. 또한 과거에 승리했으니까 앞으로도 승리하리라고 교만심을 품어서도 안 됩니다. 공로와 업적은 하나님께 영광으로 돌리고, 죄와 허물은 그리스도께 회개하고 자복하고 회개하며 주님께 맡기고 잊어버려야 합니다.

사실 바울도 과거에 너무나 죄악되고 잘못된 목표 가운데 살아왔던 자신을 돌이켜보고 "오호라 나는 곤고한 사람이로다"라고 부르짖었습니다. 그리고 자기는 죄인 중에 괴수라고 고백했습니다. 그는 스데반 집사를 죽이는데 앞장섰고, 신자를 잡아 가두고 죽이는데 몰두했던 사람입니다. 그러나 이제 과거를 잊어버리고 전진하고 있는 것입니다. 눅 9:62에 예수님은 "손에 쟁기를 잡고 뒤를 돌아보는 자는 하나님의 나라에 합당치 아니하니라." 고 하셨습니다.

3. 앞에 있는 것을 잡으려고 했습니다.(13)

사도 바울은 오직 한 일만을 위해 뒤에 있는 것을 잊어버리고 오직 앞으로 전진만 하며 푯대를 붙잡기까지 필사의 노력을 경주하였습니다. 즉 일체의 모든 것을 잊어버리고 경주에만 몰두했습니다. 경주자는 결승선의 테잎을 끊으려고 남은 힘을 다해 달립니다. 푯대 외에는 아무것도 눈에 들어오지 않습니다. 마치 바로 눈 앞에 있는 푯대를 움켜잡으려는 것 같이 손을 내밀고 전력을 다해 달리는 것입니다.

이와 같이 신자는 영원히 앞에 있는 결승점만을 바라보고 달려야 합니다. 그것이 곧 크리스천의 생활입니다. 우리는 날마다 시시각각으로 분투해야 되고, 주님 앞에 놓인 거룩한 상을 얻기까지 달려야 하는 것입니다. 주님은 게으른 사람은 용납하지 않습니다. 크리스천의 생활이란 거룩함과 예수님을 본받기 위해서 끊임없이 달려가는 삶입니다.

4. 그리스도 안에서 달렸습니다(14).

14절을 보십시오. "푯대를 향하여 그리스도 예수 안에서 하나님이 위에서 부르신 부름의 상을 위하여 달려가노라." 바울은 주 예수 그리스도 안에서 달려야 함을 말씀하고 있습니다.

여기서 "그리스도 안에서"란 말은 경기규칙을 말해주고 있습니다. 아무리 열심히 달려서 일등으로 테잎을 끊는다 해도 그리스도 안에서 규칙을 지키지 않으면 상을 얻지 못합니다.

성도들 가운데 열심히 믿는다고 하지만 자기도취, 자기 흥분에 빠져 믿는 이가 많으며 자기방법대로 믿습니다. 또한 목회자 가운데도 목회를 사업가처럼 하는 분들이 있습니다. 하나님이 주신 소망이 아니라 자기의 야망을 이루기 위해서 수단 방법을 가리지 않는 사람들도 있습니다. 성경을 자기 멋대로 이용합니다.

그러나 아무리 열심을 내고 그 결과가 성공적이어서 사람들의 인정을 받는다 해도 주님이 주시는 상급은 없습니다. 오히려 마7:20-23 처럼 예수님으로부터 "내가 너희를 도무지 알지 못하니 불법을 행하는 자들아 내게서 떠나가라"는 말씀을 듣게 됩니다.

우리는 올림픽에서 금메달을 받았으나 후에 규칙을 어긴 것이 드러나 메달을 박탈당하는 것을 보아왔습니다. 마찬가지로 우리가 최선을 다해 신앙의 경주를 달려서 일등을 했다고 기뻐했는데, 주 안에서(경기규칙) 달리지 않아서 상급을 타지 못하는 인생이 된다면 어떻게 되겠습니까?

그래서 바울 사도는 그의 모든 서신에서 "그리스도 안에서"(In Christ)란 말을 164회나 사용했습니다. 이것은 바울이 예수 밖에서 최선을 다해서 달리다가 예수 안에서 달리게 되면서 이야기하는 깊은 신앙체험이요, 그의 신학체계요, 나아가 기독교 신앙의 본질인 것입니다.

그러나 신자들 가운데 신앙경기의 법을 무시하고 달리는 사람들이 많습니다. 또한 율법 안에서 달리는 사람들이 있습니다. 특히 구약성경은 예수님이 오시기 전에 율법 가운데 있는 이스라엘 백성에게 주신 말씀인데 구약말씀대로 살고 있는 것입니다. 또한 교회가 구약체제로 운영되는 것은 그리스도 안에서가 아니고 율법 안에서입니다. 빌 3:2에 이러한 율법 안에서 달리는 자를 행악자요 손할례당이라고 하며 이런 자들을 삼가라고 합니다.

성도들이여! 율법 안에서 달리면 신앙생활이 지치게 되고 기쁨이 없고 상급이 없습니다. 그러므로 크리스천은 예수 안에서 달려야 기쁨이 있고 피곤을 모르므로 중도에 탈락되지 않습니다. 그리고 마침내 결승 테잎을 끊게 될 것이고 부르심의 상을 받게 될 것입니다.

5. 그대로 행할 것이라(16)

16절에 "오직 우리가 어디까지 이르렀든지 그대로 행할 것이라." 하십니다. 바울은 현재의 정도가 얼마든지 간에 계속해서 달려갈 것을 말씀하고 있습니다. 우리들의 진보의 정도가 각기 서로 다를 수 있습니다. 그러므로 서로를 비교해서 문제에 빠질 필요가 없습니다. 사도 바울이 말씀하는 규칙을 지켜서 계속 노력하게 되면, 노력 여하에 따라서 신앙이 성장 하게 될 것이기 때문입니다.

성도들이여! 세상에 온전한 것은 있을 수 없습니다. 그러나 결코 정지해서는 안 됩니다. 우리는 온전한 것을 향하여 좇아가야 합니다. 하나님께서 일을 성취해 주실 것입니다. 크리스천의 생활은 완전을 향하여 쉴새 없이 분투하는 생활입니다.

　물론 그것은 쉬운 일이 아닙니다. 힘을 다하고 뜻을 다하는 생활입니다. 온전한 신앙, 온전한 소망, 온전한 성화를 이룰 때까지 신앙경주를 더욱 힘써야 하는 것입니다. 이제 우리도 바울이 받은 상을 받기까지 쉬지 말고 달려야 하겠습니다.

III. 바울의 눈물어린 권면(17-21)

사도 바울은 자신의 신앙 간증을 마친 후 빌립보 성도들이 생각나서 그들에게 눈물로 권면하고 있습니다. 바울은 크리스천의 가치관을 가지고 살아가는 자신을 본받으라, 그리고 그리스도를 본받은 디모데와 에바브로디도를 눈여겨 보라고 말씀합니다. 그리고 세속적인 가치관을 가지고 사는 자들과 신앙적인 가치관을 가지고 사는 자들의 현재생활 모습과 그 마지막이 어떠한가를 대조하여 말씀합니다.

1. 세속적인 가치관을 가진 자

바울 사도는 세속적인 가치관을 가진 자들에 대해서 한마디로 십자가의 원수라고 말씀합니다. 그들의 구체적인 생활이 어떠합니까?

① 배로 하나님을 삼습니다.

세속적인 가치관을 가진 자들의 생활은 배만 채우고 배의 정욕을 만족케 하며 배만을 위해서 사는 생활입니다. 고전 6:13에 음식은 배를 위한 것이지만 사람 자체가 배를 위하면 안 된다고 했습니다. 인간은 하나님을 위한 것이기 때문입니다. 당시 로마제국의 큰 죄악 가운데 하나가 지나친 식도락이었습니다.

　로마사람들은 큰 연회를 베풀고 축제를 여는 것을 낙으로 삼았습니다. 사람들은 먹고 마시는 것을 즐기며 그칠 줄을

몰랐고, 먹다가 지쳐서 잠이 들었으며, 심지어는 많이 먹어 병이 들 정도였습니다. 그들은 배를 신으로 삼았습니다. 배는 모든 욕심의 근본입니다. 식욕, 정욕, 음욕, 물욕이 다 여기서 나옵니다. 이런 것들을 위주로 살면 마침내 신으로 섬기게 됩니다.

물질주의, 현실주의, 쾌락주의, 개인주의가 다 여기서 나왔습니다. 오늘날 신자라고 하면서 양심도 없고, 의리도 없이 먹을 것만 밝히고 배만 위해 사는 사람은 십자가의 원수입니다. 그러므로 돈을 사랑함이 일만 악의 뿌리가 됩니다(딤전6:10). 돈은 열심히 벌어야 합니다. 그러나 돈을 사랑해서는 안 됩니다. 신자가 예수님보다 배를 더 위하고 돈을 더 사랑하며, 예수님보다 세상을 더 좋아하면 십자가의 원수가 되는 것입니다. 그러므로 물질이 첫째인 이 시대에 성도는 정신을 바짝 차리고 예수님만을 사랑해야 합니다.

② 부끄러움을 영광으로 삼습니다.

세속적인 가치관을 가진 자들은 부끄러움을 영광으로 삼는다고 했습니다. 왜 그렇게 됩니까? 양심이 마비되어서 그렇습니다. 현대 사회에는 그런 것들이 얼마나 많습니까? 성 개방, 부정, 부패 등을 영광으로 생각하며 자랑하고 있습니다. 오늘날 동성애자들이 얼마나 당당하게 자신을 드러내고 있습니까? 또한 미국 장로교는 동성애자를 목회자로 안수하기 시작하여 교단을 떠나고 있는 교회들이 많이 생기고 있습니다.

2008년 워싱턴의 대중종교연구회에서 실시한 주요 개신교단 교역자 의견 설문조사에서 연합그리스도교회(United Church of Christ) 교역자의 2/3가 동성 간의 결혼을 지지하고 있는 반면 연합감리교회 교역자는 4명 중 1명이 찬성하는 것으로 나왔습니다. 연합감리교회 목회자 중의 32%가 동성애자의 안수를 지지하는 것에 비해 성공회 교역자는 72%가 지지하고 있습니다. 연합감리교회 지도자들의 51%가 동성애자들의 평신도 지도자로서의 역할을 지지하는 것에 비해 복음주의루터교회 교역자는 80%가 지지하고 있습니다.

③ 땅의 일만 생각합니다.

이것이야 말로 모든 부패의 원인입니다. 생각과 감정 등 관심의 전부가 이 세상의 물질과 명예와 권세에 매여 있습니다. 세속적인 가치관을 가진 자들은 그 시선이 보고 만질 수 있는 현세에 국한되어 있습니다. 세상적인 가치관을 가지면 예배시간에도 마음은 시장터와 유흥장에 가 있습니다. 이들도 십자가의 원수입니다.

십자가의 원수는 우상에게 절하는 자만이 아니라 배를 위하고 부끄러운 것을 모르는 자들입니다. 저들도 기독교인임

을 자처합니다. 말도 경건하게 하고 충실하게 예배에 참석할
수 있습니다. 죄를 가리기 위해 종교란 외투를 입습니다.

제가 미국에 와서 놀란 것이 여러 가지가 있는데, 술장사
하는 장로들과 주일 아침 일찍 1부 예배에 참석하고 하루 내
내 골프장에 가서 골프를 치는 교회 중진들입니다. 그러나
바울은 저들의 마침이 멸망이라고 합니다.

2. 신앙적인 가치관을 가진 자

신앙적인 가치관을 가진 자들은 본질적인 의미에서 하나님
의 자녀들입니다. 그러면 신앙적인 가치관을 가진 하나님의
자녀들은 어떠합니까?

① 시민권이 하늘에 있습니다(20).
크리스천은 그의 고향이 하늘나라입니다. 그래서 하나님의
자녀입니다. 그러므로 이 땅에서는 나그네입니다. 나그네는
짐 보따리가 작아야 합니다. 하늘나라 시민이 이 세상 시민
들과 같은 생활을 할 수는 없습니다. 신자는 자신의 신분을
착각하지 말아야 합니다.

신자들은 시민권이 하늘에 있으므로 하늘나라의 보호아래
있으며, 하늘나라의 법률을 따라 살아야 하고, 하늘나라가

속히 임하기를 기다리면서 살아야 하는 것입니다. 그러므로 신자는 세상의 유익을 가지고 불신자와 싸워서는 안 됩니다. 오히려 어디에 있든지 그 행위는 하늘나라 시민임을 증명해야 합니다.

② 주 예수 그리스도를 기다립니다(20).
크리스천들은 예수님의 재림을 기다리는 것입니다. 어떤 신자들은 예수님의 재림을 원치 않고 세상에서 복을 받고 오래오래 즐기려고만 합니다. 이것은 신앙이 어리고 신앙생활을 잘 모르기 때문입니다. 신앙이 성숙해질수록 주 예수님의 강림을 기대하며 기다리는 것입니다. 예수님께서 내가 속히 오리라고 여러 번 말씀하셨습니다.
　그러나 예수님의 재림은 어느 날, 어느 시간인지 모릅니다. 그러기 때문에 때때로 이 소망이 약해질 때가 있습니다. 그렇게 되면 세속적인 것이 우리 마음에 들어와 우리를 지배하게 됩니다. 그러므로 열심히 예수님의 재림을 기다려야 합니다.

③ 영광의 몸으로 변하는데 둡니다.
사도 바울은 21절에 그리스도께서 재림하실 때 신자들을 구원하실 뿐만 아니라 우리의 낮은 몸을 자기 영광의 몸의 형

체와 같이 변케 하신다고 했습니다. 쉽게 병들고, 늙기 잘하고, 죄에 굴복하기 잘하는 우리의 육신을 변화시킨다고 하셨습니다. 또한 육체뿐만 아니라 정신과 영혼을 온전하게 변화시키실 것입니다. 그래서 하늘의 영광에 참여하게 됩니다. 요일 3:2에 우리도 예수님과 같이 된다고 했습니다.

우리는 이와 같은 소망의 약속이 있으므로 세상 것들에 매이지 아니하고, 위에 있는 것을 사모하며 주 예수 그리스도의 강림을 기다리며 하늘나라에 마음을 두게 되는 것입니다. 사람의 속에는 영혼이 있어서 현재는 육신을 입고 이 땅에서 살지만, 이 세상은 나그네요 본향은 하늘에 있습니다. 주님이 오실 때는 우리의 육체가 신령한 몸으로 변화되어 천국에서 살게 될 것입니다. 할렐루야!

결 론

많은 신자들이 신앙생활을 한다고 하지만 신앙적인 가치관이 분명치 못하고 희미합니다. 우리가 신앙생활을 한다고 하지만 믿기 이전의 세상적 가치관을 가지고 신앙생활에서 기쁨을 찾으려고 합니다. 신앙생활을 하지만 그리스도의 눈으로 세상을 보지 못하고 세상적인 눈으로만 봅니다. 그러므로 기쁜 것도 슬프게 보고 성공도 실패로 봅니다. 그래서 기쁨이 넘쳐야 할 신앙생활에 기쁨이 없고 괴롭습니다.

성도들이여!
우리는 빌립보서 3장의 말씀을 통하여 "기쁨이 넘치는 크리스천의 가치관"의 말씀을 들었습니다. 이제 우리는 바울 사도의 가치관을 나의 가치관으로 확립하여 기쁨이 넘치는 신앙인이 될 수 있기를 예수님의 이름으로 축원합니다.

기쁨이 넘치는
크리스천의
생활철학 **4**

기쁨이 넘치는 ⁄ 크리스천의 생활철학

- ⁄ 본문: 빌립보서 4:1-23
- ⁄ 요절: 빌립보서 4:13

"내게 능력주시는 자 안에서 내가 모든 것을 할 수 있느니라."

I. 주 안에서 기뻐하라(1-9)

  1. 주 안에서 같은 마음을 품으라(2,3,5).

  2. 염려하지 말고 기도하라(6,7).

  3. 바르고 적극적인 생각을 하라(8).

  4. 말씀대로 행하라(9).

II. 주 안에서 만족하는 생활(10-13)

  1. 하나님의 섭리를 믿었기 때문입니다(10).

  2. 하나님의 능력을 믿었기 때문입니다(11-13).

III. 주 안에서 드리는 생활(14-23)

백과사전에 철학의 영어 명칭 'philosophy'는 고대 희랍어 필레인(Φιλειν, 사랑하다)과 소피아(σοφία, 지혜)의 합성어로서, 직역하면 "지혜를 사랑한다"라는 뜻입니다. 앎, 즉 배움과 깨달음을 두려워하지 않고 사랑하는 것은 모든 학문의 출발점이라서, 지식과 지혜를 사랑하는 삶의 태도로 철학을 정의한다면, 철학은 특정한 학문이라기보다는 학문 일반에서 요구되는 기본자세이면서 실천하는 방법이라고 해야 합니다. 많은 사람들이 철학을 철학자의 전유물로 생각하고 있습니다. 그러나 철학은 삶이며 생활입니다. 오늘날 사람들은 자기 나름대로 철학을 가지고 살아갑니다. 그 철학이 어떤 철학이냐에 따라서 그 삶이 달라집니다. 특히 크리스천은 크리스천으로서의 생활철학을 가지고 살아가야 합니다.

본문은 사도 바울이 빌립보 성도들에게 보내는 편지의 결론입니다. 그는 마지막으로 무슨 말을 합니까? 1절에 바울은 "그러므로 나의 사랑하고 사모하는 형제들, 나의 기쁨이요 면류관인 사랑하는 자들아 이와 같이 주 안에 서라."고 간곡하게 권면하고 있습니다.

왜 이렇게 간곡하게 권면을 하는 것입니까? 그것은 빌립보 성도들이 아직도 주 안에 견고히 서지 못하고 환경과 인간관계와 땅의 것들에 마음을 빼앗겨 흔들리고 넘어지고 있어서 기쁨이 없기 때문입니다. 그러므로 바울은 결론을 맺으면서 빌립보 성도들이 실제 생활에서 크리스천의 뚜렷한 생활철학을 갖도록 권면하고 있습니다.

많은 사람들이 예수를 믿는다고 하지만 실제 생활을 어떻게 할지 몰라서 우왕좌왕하고, 믿음은 있다고 하지만 믿음과 동떨어진 생활을 하고 있을 뿐만 아니라 기쁨도 잃어버리고 살아가고 있습니다. 그러므로 마지막 빌립보서 말씀을 잘 배워서 바른 신앙생활을 배워 기쁨이 넘치는 삶을 살 수 있기를 바랍니다.

I. 주 안에서 기뻐하라(1-9)

신앙생활이란 무엇입니까? 한마디로 말해서 주 안에서 기뻐하는 생활입니다. 그런데 빌립보 성도들은 기쁨이 없었습니다. 이제 바울 사도는 주 안에서 기뻐하는 생활의 비결을 말씀하고 있습니다.

1. 주 안에서 같은 마음을 품으라(2,3,5)

바울은 빌립보 성도들이 주 안에서 단결하기를 바랐습니다. 이것은 바울이 편지를 쓰는 동기이기도 합니다. 그런데 교회 내분의 원인은 두 자매의 충돌이었습니다. 두 자매는 모두

주의 일을 열심히 하는 일꾼들이었습니다. 그들의 이름은 유 오디아와 순두게입니다.

사실 빌립보 교회는 자매들에 의하여 개척되었습니다. 유 오디아와 순두게 자매들의 믿음은 천국을 오르락내리락 할 만큼 깊었지만, 가까운 믿음의 친구요 동역자인 서로의 관계 가 잘못되어 기쁨이 없었습니다. 기독교 복음역사에 있어서 여성들의 위치는 지대합니다. 각 교회나 선교단체마다 큰 몫 을 하고 있습니다. 복음역사의 비밀 중의 하나는 여 성도들이 마음을 합치는 데 있습니다. 여 성도들이 합심을 잘해야 신앙 공동체가 부드럽게 굴러가며 하나님께 영광이 돌아갑니다.

오늘날 한국의 교육은 초등학교 때부터 치열한 경쟁 구도를 형성합니다. 한 반의 학생들이 사이좋은 친구가 아니라 경쟁 과 경계의 대상입니다. 그래서 서로 돕거나 사랑하기 힘듭니 다. 이렇게 자라는 아이들이 커서 어떻게 되겠습니까? 이 교 육제도가 한국의 가장 큰 문제입니다. 그러다 보니 모든 국 민들이 모든 분야에서 치열하게 경쟁하며 무슨 방도를 써서 라도 상대방을 넘어뜨리기 위해 혈안이 되어 있습니다. 우 리가 세상을 살아가는데 있어서 사람들을 모두 친구로 생각 하는 사람과 정반대로 경쟁자, 원수, 도둑, 꼴 보기 싫은 자로 생각하며 사는 사람의 생활이 어떻게 다르겠습니까? 그 차이는 하늘과 땅이라고 할 수 있습니다.

1970년대입니다. 제가 대학생 복음역사를 섬기고 있을 때 열심이 많은 두 자매가 있었습니다. 그들은 서로 경쟁이 너무 심했습니다. 복음역사를 위해서 헌신한다고 하면서도 서로 사이가 좋지 않았습니다. 서로 꼴 보기 싫어했습니다. 저는 그러지 말라 권면했습니다. 그런데 그들도 그렇게 하지 않으려고 애를 쓰는데 서로 딱 마주치면 그렇게 미울 수가 없다는 것입니다. 이러한 인간관계에서 어떻게 화평할 수가 있겠습니까?

사도 바울은 "주 안에서 같은 마음을 품으라."고 했습니다. 즉, 예수님을 통하여 주 예수 안에서 만나라는 말씀입니다. 예수님께서 죄인된 우리를 길이 참으시고 용납하시며 죽기까지 십자가 지시며 사랑하셨던 그 은혜를 생각하며 만나라는 말씀입니다. 크리스천의 인생관과 인격과 가치관을 가지고 만나라는 것입니다. 그렇게 만나게 될 때 관용이 생기게 됩니다. 또 우리는 모두 우리의 이름이 생명책에 기록된 하나님의 자녀들이요, 하나님의 멍에를 같이한 자들인 것입니다.

성도들이여!
그러므로 천국에 가서 어색하지 않기 위해서라도 친구가 되어야 할 것입니다. 주 안에서 같은 마음을 품어야 합니다.

2. 염려하지 말고 기도하라(6,7)

우리가 항상 기뻐할 수 있는 방법은 염려하지 말고 기도하는 것입니다. 왜 사람이 염려합니까? 그것은 자기의 힘으로 되지 않기 때문입니다. 그럴 때 근심해봐야 심장병만 생깁니다. 그것보다는 자기보다 힘이 있는 분을 찾아가서 사정을 이야기 하고 도움을 구하는 것이 상책입니다.

우리 크리스천은 창조주 하나님을 믿는 사람들입니다. 그러므로 아무리 큰일로 보일지라도 하나님의 능력 안에서는 지극히 작은 일임을 알아야 합니다. 그래서 바울 사도는 하나님께 기도하라고 합니다.

우리가 사는 이 세상에는 염려가 많고, 괴로움이 많고, 한숨과 슬픔이 많습니다. 억지로 참고 웃고 놀며 즐겁게 하기 위해서 등산, 여행, 춤, 영화, 비디오, 스포츠, 술, 마약, sex 등을 다해도 헛수고요 오히려 그 후에는 더 괴롭습니다. 이러한 괴로움에 찬 삶을 살아가는 인생들에게 바울은 한마디로 염려하지 말라고 합니다.

세상적인 염려는 신자의 영적인 힘을 약화시키고 하나님께로 나아가는 길을 방해하며 하나님 안에서의 축복을 빼앗아 갑니다. 그래서 사도 바울은 염려에 대한 해결책으로 기도하라고 했습니다. 염려와 근심과 슬픔 많은 이 세상에 살면서 염려를 이길 수 있는 길은 오직 믿음의 기도뿐입니다. 기도는 신자의 생활철학이며 신앙 활력의 원천입니다.

그러면 기도는 어떻게 해야 됩니까? 기도는 하나님을 찬양하는 것부터 시작하고 간절한 마음으로 해야 합니다. 그리고 기도에는 기도제목이 분명해야 됩니다. 막연하게 중언부언 해서는 안 됩니다. 내 생활이 어떤 죄 때문에 괴로우면 하나님께 고백해야 합니다. 생활에 근심이 생기면 그것도 구체적으로 아뢰어야 합니다. 그러나 기도는 결코 이기적인 야망이나 눈앞의 옹졸한 소원만을 이루어 달라고 억지 부리는 것이 아닙니다. 예수님처럼 자신을 내어 맡기고 아버지의 뜻을 원하고 구하는 것이어야 합니다.

주의할 것은, 기도는 하나님과의 살아있는 대화이기 때문에 독백이나 명상만 해서는 안 됩니다. 이러한 대화의 기도에 자기 말만 바쁘게 하고 하나님이 말씀하실 틈을 주지 않는 사람이 있습니다. 기도할 때 하나님께서 하시는 말씀을 듣는 것이 더욱 중요합니다. 그러므로 기도는 하나님께로 가까이 나아가는 일이며, 하나님은 반드시 응답으로 자신을 나타내십니다. 그래서 참된 기도의 사람은 자기도 모르는 사이에 그의 인격이 점점 고상해지고, 움직임이 경건해집니다.

오늘날 기도를 많이 한다고 자랑하는 사람들 중에 자기 생각만을 장황하게 늘어놓는 사람들이 있습니다. 기도를 참되게 하는 사람은 헛소리를 내지 않습니다. 또한 마음이 점점 수정같이 깨끗해지며 진실하고 참되고 거룩해 집니다. 마침내 기도의 사람은 위대한 역사를 창조하는 놀라운 힘을 얻게 됩니다. 또한 모든 지각을 초월한 하나님의 평안이 그리스도 예수 안에서 마음과 생각을 지켜주시기 때문에 항상 기쁨이 넘치게 됩니다.

3. 바르고 적극적인 생각을 하라(8)

세상의 모든 문제가 어디로부터 생깁니까? 바로 생각에서 비롯됩니다. 그 사람의 생각은 그 사람의 운명을 좌우합니다. 왜 그렇습니까? 생각을 뿌리면 행동을 낳습니다. 행동은 습관을 만듭니다. 습관은 인격을 형성하게 되고, 인격은 그 사람의 운명을 결정합니다. 그래서 바르게 생각하는 것, 긍정적으로 생각하는 것이 얼마나 중요한지 모릅니다.

특히 인격을 형성하는 청년시절에 헛생각만 하게 되면 헛된 인생이 됩니다. 자나 깨나 돈만 생각하는 사람은 돈의 노예가 되고, 돈을 사랑하여 온갖 죄악에 빠지게 됩니다. 자나 깨나 술만 생각하는 사람은 알콜 중독자가 됩니다.

성도들이여! 급변하는 오늘날을 사는 인생들은 수많은 문제들을 가지고 살아갑니다. 고난을 당합니다. 억울한 일, 운명적인 일들을 당합니다. 사실 광풍이 부는 인생을 살아가는 우리들에게는 언제나 문제가 있습니다. 우리는 이것들을 어떻게 생각해야 합니까? 우리 그리스도인들은 예수 안에서 바르고 긍정적인 생각을 해야 합니다.

패니 제인 크로스비(Fanny Jane Crosby)는 1820년 3월 24일 뉴욕에서 태어났습니다. 95세까지 살다가 1915년에 세상을 떠났습니다. 그녀는 출생 6주 만에 안질이 생겨서 치료를 받았는데 의사의 과실로 소경이 되고 말았습니다. 철이 들고 나서 여러 번 자살을 시도했습니다. 그러다가 하나님의 은혜를 받아 예수님을 구주로 모시고 주 안에서 바르고 긍정적인 생각을 하게 되었습니다. 그녀는 자신의 인생을 감사했습니다. 38세에 맹인학교 교장과 결혼해서 95세에 죽기까지 6000편의 찬송가를 지었습니다.

우리가 잘 부르는 "나의 갈길 다가도록", "인애하신 구세주여" 등의 찬송이 그녀의 작품입니다. 우리가 지금 부르고 있는 찬송가에 그녀가 지은 수많은 찬송이 들어있습니다. 그녀는 찬송가를 많이 짓고 나서 말년에 "지금 그 의사를 만날 수 있다면 나를 실명케 한데 대해 몇 번이고 감사할 것이다"라고 고백했습니다. 크로스비는 억울하고 운명적인 일을 주 안에서 믿음의 눈으로 바라보았습니다. 그래서 바르고 긍정적인 생각과 감사한 마음으로 삶으로써 그녀의 인생은 놀라운 경지에 이르게 되었습니다.

사랑하는 성도들이여!
여러분은 삶 가운데 어떠한 어려운 일을 당하고 있습니까? 성도님들이 어떠한 형편과 처지에 있다고 할지라도 헛된 생각과 운명적인 생각을 그치고 바르고 긍정적인 생각을 해서 하나님의 섭리를 이루어 하나님을 찬양하는 삶이 되시기 바랍니다.

그러므로 사도 바울은 8절에서 말씀합니다. "끝으로 말합니다. 형제들이여 모든 참된 것과 모든 고상한 것과 모든 옳은 것과 모든 순결한 것과 모든 사랑스러운 것과 모든 명예로운 것 곧 덕스러운 것과 칭찬할만한 것들을 마음에 새겨두시오."(새 번역).

4. 말씀대로 행하라(9)

9절을 보십시오. "너희는 내게 배우고 받고 듣고 본 바를 행하라. 그리하면 평강의 하나님이 너희와 함께 계시리라." 야고보는 그의 편지 1:22 에서 "너희는 말씀을 행하는 자가 되고 듣기만하여 자신을 속이는 자가 되지 말라." 고 했습니다. 바른 신앙은 언제나 행위가 따르게 됩니다. 그래서 바울은 행하라고 강조하고 있습니다. 사실 행함이 없는 신앙생활은 더 괴롭습니다. 행할까 말까 고민만 하다가 시간만 허비합니다. 그 후에도 동일하게 또 고민합니다. 스스로를 괴롭게 만듭니다. 헌신의 마음을 주실 때 믿음으로 반응해야 합니다.

행하는 단계의 신앙생활을 할 때에 하나님은 우리에게 평강을 주십니다. 그래서 기쁨이 넘치게 됩니다. 왜냐하면 진리의 말씀이 나의 생활 속에 나타나므로 하나님이 나의 생활에 구체적으로 역사하시기 때문입니다. 순종은 기쁨이 따르고 평강이 임합니다. 하나님이 함께하십니다.

II. 주 안에서 만족하는 생활(10-13)

바울은 빌립보 성도들이 보내온 선교헌금을 인해서 기뻐했습니다. 그러나 바울은 자기의 궁핍한 처지에서 원조를 받는 데 머물러 있지 않았습니다. 그는 모든 물질생활에 대한 애착을 초월해 있었습니다. 사람의 만족은 돈을 주고받는데 있는 것이 아닙니다. 참된 만족은 외부조건에 있지 않고 마음에 있습니다.

사람들 중에는 온도계처럼 사는 사람과 온도 조절계처럼

같이 사는 사람이 있습니다. 대부분의 사람들은 온도계같이 환경에 따라서 변합니다. 날씨가 더우면 더워서 땀을 흘리고 추우면 오그라지듯이 살아갑니다. 우리가 사는 환경은 좋은 것보다 나쁜 것이 더 많습니다. 그래서 대부분의 사람들이 환경의 희생양이 됩니다. 환경의 노리개가 되어 살아가고 있습니다. 그러나 바울은 온도 조절계와 같은 인생이었습니다. 그의 인생의 중심에 예수 그리스도가 계셔서 환경에 따라서 변하지 않았습니다. 오히려 환경의 승리자였습니다.

11절에서 사도 바울은 자기는 자족한다고 했습니다. 또한 13절에서는 "모든 것을 할 수 있느니라."고 말씀합니다. 그리고 18절에 보면 "풍족하다"고 하였습니다. 이것은 그가 주 안에서 만족스러운 생활을 하고 있다는 말씀입니다. 그러면 바울이 어떻게 만족하는 생활을 할 수 있었는지 그 비결을 찾아보겠습니다.

1. 하나님의 섭리를 믿었기 때문입니다(10).

현대는 과학시대이기 때문에 섭리라는 말을 쓰지 않습니다. 섭리란 영어로 Providence로 Pro란 Before, Vidence는 To see 즉 "전에 알다"라는 뜻입니다. 그러므로 섭리란 하나님께서 당신의 뜻을 이루기 위해서 미리 아시고 환경과 조건을 예비하신 것을 말합니다. 그래서 10절은 하나님께서 빌립보 성도들에게 바울의 필요한 것들을 관심을 갖고 돕도록 하셨다는 뜻입니다. 바울은 이처럼 여호와 이레(하나님이 친히 준비하신다)의 믿음이 있었습니다.

우리 인생에는 운명적이고 슬픈 일들이 수없이 일어납니다. 저는 1977년 2월 20일 학교에서 숙직을 하다가 연탄 가스 사고로 31세에 하나님의 품에 안긴 김팔웅 교사를 잊을 수 없습니다. 그는 학생들을 목자처럼 사랑하고 주님을 생명처럼 사랑했던 참 크리스천이었습니다. 저는 주님께 충성되고 헌신했던 동료요 사랑하는 형제를 잃어버린 슬픔으로 3일간 정신을 잃고 지냈습니다. 또한 2001년 9월 11일 TV에서 뉴욕 맨하탄에 있는 세계무역센터 빌딩이 무너지는 것을 보고 집밖에 나가 눈으로 확인했고, 심방을 가는 길에 자동차에서 두 번째 빌딩이 또다시 무너지는 것을 직접 목격하게 되었습니다. 이로 인해서 3000여명이 사망했습니다. 그 순간 얼마나 두렵고 슬펐는지 모릅니다. 이 세상은 계속해서 온갖 재앙들이 일어나고 있습니다. 인간의 생각으로는 이해할 수 없는 사건 사고들이 많습니다.

그러나 예수님은 요한복음 9장에서 우리의 인생이 운명이 아니라 하나님의 섭리임을 말씀해주십니다. 인생이란 우연의 연속이 아니요 하나님의 정하신 뜻이 성취되는 섭리의 연

속인 것입니다. 지금은 일어난 일들의 의미를 알 수 없지만 훗날 깨닫는 때가 올 것입니다. 믿음 있는 사람만이 요동치지 않게 됩니다. 이러한 하나님의 섭리, 하나님의 뜻을 믿을 때 놀라운 만족이 있게 되는 것입니다.

2. 하나님의 능력을 믿었기 때문입니다(11-13).

11절을 보십시오. 사도 바울은 어떠한 형편에서든지 자족하는 비결을 배웠다고 했습니다. 그는 돈이 있어도 만족하고 돈이 없어도 만족하는 법을 배웠습니다. 그리고 12절에서 비천과 풍부에서도 만족하는 비결을 배웠다고 했습니다. 대 철학자 소크라테스는 말하기를 "제일의 부자는 제일 작은 것으로 만족하는 사람이다. 자족은 자연의 부요다"라고 했습니다. 우리는 궁핍할 때 믿음으로 하나님의 도우시는 능력을 받아 자족하고 불만이나 욕심을 품지 말아야 합니다. 여기서 '배웠노니'란 배우는 자, 제자가 되었다는 뜻이며 이것은 경험에 의하여 배움을 뜻합니다.

바울 사도는 실제로 복음전도를 위하여 먹을 것이 없고, 거처할 곳이 없는 때가 한두 번이 아니었습니다. 생필품이 없어서 고생한 적이 셀 수 없이 많았습니다. 고후11:23-27 에서 바울은 "내가 수고를 넘치도록 하고 옥에 갇히기도 더 많이 하고 매도 수없이 맞고 여러 번 죽을 뻔하였으니, 유대인들에게 사십에서 하나 감한 매를 다섯 번 맞았으며, 세 번 태장으로 맞고 한 번 돌로 맞고 세 번 파선하고 일주야를 깊은 바다에서 지냈으며, 여러 번 여행하면서 강의 위험과 강도의 위험과 동족의 위험과 이방인의 위험과 시내의 위험과 광야의 위험과 바다의 위험과 거짓 형제 중의 위험을 당하고, 또 수고하며 애쓰고 여러번 자지 못하고 주리며 목마르고 여러 번 굶고 춥고 헐벗었노라."고 고백합니다.

그러나 바울은 이러한 모든 악조건 속에서도 스스로 만족하는 비결을 배웠던 것입니다. 그러면 그 비결이 무엇입니까?

빌 4:13 에서 "내게 능력주시는 자 안에서 내가 모든 것을 할 수 있느니라."했습니다. 이 구절은 한국교회에서 자주 잘못 이용되는 구절의 말씀입니다. 어떤 교인은 능력 주시는 자 안에서 못할 것이 없다고 죽어가는 사람을 병원에 보내지 아니하고 안수한다고 껴안고 있다가 목숨을 잃게 하는 안타까운 일도 있었습니다. 또한 신학교를 갓 졸업하고 목회경험도 없는 자들이 내게 능력주시는 자 안에서 못할 것이 없다고 하면서 마음대로 빚을 얻어다가 땅을 사고 교회당을 건축하다가 고통 당하고 파산하기도 합니다.

우리가 분명히 알아야 할 것은 이 말씀은 우리가 하고 싶은 일을 하기 위해서 쓸 수 있는 만병통치약이 아니라는 것입니다. 바울은 하나님의 능력을 믿는 믿음이 있었습니다. 사실 바울은 인간적으로 많은 능력을 소유하고 있었습니다. 그러나 모든 것을 배설물로 여겨 버림으로써 아무것도 가진 것이 없었습니다. 그러나 그는 그리스도께서 능력을 주시기 때문에 모든 것을 할 수 있었습니다.

　사도 바울은 다메섹에서 회개한 후 약 27년 동안 예수님을 체험하고 나서 빌립보서를 썼습니다. 바울에게 있어서 그리스도의 생명, 그리스도의 모범, 그리스도의 목적, 그리스도의 능력은 생의 총체요 신앙의 본질이었습니다. 이 무한한 능력을 설명하여 말하기를 "내게 능력주시는 자 안에서 내가 모든 것을 할 수 있느니라."고 한 것입니다. 사도 바울은 그리스도 안에 있었기 때문에 그리스도의 힘을 받은 것입니다.

성도들이여!
우리의 생활에 만족을 주는 참 근원은 오직 예수 그리스도뿐입니다. 이 세상의 힘의 참된 근원은 돈이나 재산이나 지식이나 권세가 아니라, 예수 그리스도를 믿는 신앙, 하나님의 능력을 믿는 믿음에 있습니다. 자기 자신에게는 아무 힘도 없는 약한 사람이 그리스도 안에서 강하고 담대한 사람이 되는 것입니다.

이와 같이 그리스도 안에 있는 사람은 세상이 감당할 수 없습니다. 바울 사도는 지금도 확신 있게 말씀하고 있습니다. "내게 능력주시는 자 안에서 내가 모든 것을 할 수 있느니라." 그래서 그리스도인은 온도계의 인생이 아니요 온도조절계의 인생입니다. 그러므로 신자의 생활은 항상 만족하는 생활을 하는 것입니다.

Ⅲ. 주 안에서 드리는 생활(14-23)

이제 바울은 빌립보 성도들의 선물에 대한 감사를 하고 있습니다. 그런데 본문에는 선교비에 대한 감사와 더불어 그리스도인의 물질생활과 하나님께 드리는 헌금에 대한 철학이 나타나 있습니다. 14절에서 바울은 빌립보 성도들의 선교헌금에 대하여 "너희가 내 괴로움에 함께 참여하였다"고 했습니다. '함께', '참여'란 말은 원어로 'koinonia(교제)'란 단어입니다. 성경 밑에 '교제'라고 주를 달고 있습니다.

바울은 지금 빌립보 교회가 보내준 헌금의 행위를 '교제'라고 말씀하고 있습니다. 그러므로 성도의 교제에는 정신적 교제만 아니라 물질적 교제도 있습니다. 바울은 수 만리 떨어진 로마의 감옥에 갇혀 있었습니다. 피차 만날 수 없고 사정을 주고받을 수도 없습니다. 그러나 그들은 헌금을 통해서 사랑과 친절의 교제를 한 것입니다. '교제(koinonia)'는 영어로 'fellowship'입니다. 이 단어는 '동참하다', '헌금하다'는 등의 뜻이 있으며, 여기서는 '헌금한다'는 뜻입니다. 즉 빌립보 성도들은 헌금을 통해서 바울의 선교사업에 동참한 것입니다.

바울이 빌립보 성도들의 헌금에 대해 감사한 것은 단순히 돈 때문이 아니었습니다. 그들이 드린 물질에는 곧 그들의 정성과 애정이 수반되어 있었습니다. 물질 자체가 큰 것이 아니라 물질을 주는 그 마음이 큰 것입니다. 빌립보 성도들의 헌금에는 바울에 대한 존경과 애정이 깃들어 있었습니다.

그러면 바울 사도는 빌립보 성도들이 드린 헌금을 어떻게 보고 있습니까? 17절에 보면 그 자신들에게 유익한 것으로 보았습니다. 왜냐하면 이것은 하나님께 투자한 것이 되어 빌립보 교회가 축복을 받고 더욱 풍성해질 것이기 때문입니다. 17절입니다. "내가 선물을 구함이 아니요 오직 너희에게 유익하도록 풍성한 열매를 구함이라."

많은 사람들이 헌금을 목회자의 생활비나, 교회의 운영비로 정도로 여기고 인색하게 합니다. 또한 성경을 배우는 데 대한 값을 지불하는 것으로만 생각하는 사람들도 있습니다. 그러나 이렇게 드리는 것은 그리스도와 헌금을 모독하는 것입니다. 헌금은 하나님을 향한 신앙고백이며 헌신의 증표입니다.

18절에 바울은 자기의 심정을 솔직하게 표현했습니다. 에바브로디도를 통해서 빌립보 성도들이 보내준 선물로 인하여 자기는 풍족하다고 했습니다. 그리고 그 선물은 자기에게 준 것이 아니라 하나님께 드린 제물이라고 했습니다.

여기에 헌금의 정의가 있습니다. 즉 헌금은 믿음의 열매요 향기로운 제물이요 하나님을 기쁘시게 하는 것입니다. 헌금은 단순히 목사의 생활비를 주는 것도 아니요, 사람에게 바치는 것도 아니요, 사람을 기쁘게 하는 것도 아니며 오직 하나님을 기쁘시게 하는 향기로운 제물인 것입니다. 그러므로 헌금은 하나님께 드리는 제물로 알고 정성들여 드려야 하는 것입니다.

또한 헌금은 향기로운 제물일 뿐만 아니라, 하나님이 모든 쓸 것을 풍성하게 채워주시는 분임을 알게 하는 제물도 되는 것입니다. 19절입니다. "나의 하나님이 그리스도 예수 안에서 영광 가운데 그 풍성한 대로 너희 모든 쓸 것을 채우시리라."

결 론

지금까지 살펴본 대로 기쁨이 넘치는 크리스천의 생활 철학은 무엇을 말합니까? 그것은 크리스천의 인생관, 인격, 가치관을 가지고 주안에서 기뻐하고, 주 안에서 만족하고, 주 안에서 드리는 생활을 하는 것입니다.

"주 안에서 항상 기뻐하라 내가 다시 말하노니 기뻐하라."
빌4:4

사랑하는 성도들이여! 빌립보서 말씀을 통해서 크리스천의 인생관, 인격, 가치관, 생활철학의 말씀을 들었습니다. 그러므로 이제 크리스천의 인생관, 인격, 가치관, 생활철학을 확립하여, 힘들고 어려운 환경 중에서도 사도 바울과 같이 기쁨이 넘치는 생활로 승리하기를 주 예수님의 이름으로 축원합니다.

부 록

빌립보서 성경공부문제

1 기쁨이 넘치는 크리스천의 인생관

2 기쁨이 넘치는 크리스천의 인격

3 기쁨이 넘치는 크리스천의 가치관

4 기쁨이 넘치는 크리스천의 생활철학

1 기쁨이 넘치는
크리스천의 인생관

●✓ 본문: 빌립보서 1:1-30
✓ 요절: 빌립보서 1: 21

"이는 내게 사는 것이 그리스도니 죽는 것도 유익함이니라."

1. 사도행전 16:1-40 을 읽고 빌립보 교회가 어떻게 개척되었는가를 살펴보시오.

2. 빌립보서를 읽고 가장 많이 반복되는 단어가 무엇인가 찾아보시오. 빌립보서의 주제가 무엇인 것 같습니까?

I. 복음의 교제를 기뻐하는 사도 바울(1-11)

1. 빌립보서는 누가 누구에게 쓴 편지입니까(1-2)?

2. 멀리 떨어져 있는 사도 바울이 빌립보 성도들을 위해 한 일이 무엇입니까(3,4,7,8)?

3. 사도 바울의 감사 조건이 무엇입니까(3-5)?

4. 사도 바울이 빌립보 성도들을 생각하고 가진 확신이 무엇입니까(6)?

5. 사도 바울은 빌립보 성도들을 인하여 감사하고 간구하며 기뻐하는 것이 왜 마땅한 일이라 합니까(7)?

6. 사도 바울은 양떼들을 어떻게 사모합니까(8)?

7. 사도 바울의 빌립보 성도들을 향한 기도제목 4가지를 찾아보시오(9-11). 그리고 각각의 뜻을 생각해보시오.

8. 이상을 살펴볼 때 '복음의 교제'란 어떤 것인가 생각해보시오. 목자와 양, 성도와 성도들 간의 관계가 어떠해야 합니까?

II. 그리스도가 전파되는 것을 기뻐하는 사도 바울(12-26)

1. 12절에 사도 바울이 말한 '나의 당한 일'이란 무엇을 두고 하는 말입니까?

2. 사도 바울이 당한 일이 어떻게 복음의 진보가 되었습니까? 3가지를 말해보시오(13,14,15).

3. 사람들이 복음을 전파하는 동기가 무엇입니까? 각각 어떻게 다릅니까?

4. 사도 바울이 이러한 어려움 가운데서 기뻐하고 또 기뻐할 수 있는 이유가 무엇입니까(18)?

5. 사도 바울이 이미 아는 사실이 무엇입니까? 그 근거가 무엇입니까(19)?

6. 사도 바울의 간절한 기대와 소망이 무엇입니까(20,21)? "내게 사는 것이 그리스도니 죽는 것도 유익하다"는 말의 뜻이 무엇입니까?

7. 사도 바울이 겪고 있는 갈등이 무엇입니까? 사도 바울은 어느 것을 더 원하고 있습니까? 그러나 결국 어느 것을 택했습니까? 그 이유는 무엇입니까?

8. 이상을 살펴볼 때 ① 신자들의 시련에 대한 태도가 어떠해야 하겠습니까? ② 크리스천의 인생관은 어떠해야 합니까? ③ 당신에게 있어서 사는 것이 무엇입니까? 그것을 위해서 죽어도 좋겠습니까?

II. 복음 신앙을 권면하는 사도 바울(27-30)

1. "그리스도 복음에 합당하게 생활하라"는 뜻이 무엇입니까 (27)?

2. 27-30절에서 복음에 합당한 생활이 구체적으로 무엇이라 합니까?

3. 어떻게 복음 신앙을 위하여 협력하라고 합니까(27)?

4. 왜 대적하는 자를 두려워하지 않고 적극적으로 싸워야 합
   니까? 결국 어떤 자가 구원받고, 어떤 자가 멸망하게 됩니
   까(28-30)?

5. 이상을 살펴볼 때 당신이 그리스도 복음에 합당한 생활을
   하기 위해 싸워야 할 점이 무엇이라고 생각합니까?

IV. 이상 빌립보서 제 1장을 공부해 볼 때

1. 우리 신자들에게서 기쁨을 빼앗아 가는 요소가 무엇입니
   까? 이것을 극복하고 기쁨이 넘치는 생활을 할 수 있는 비
   결이 무엇입니까?

2 기쁨이 넘치는 크리스천의 인격

./ 본문: 빌립보서 2:1-30
./ 요절: 빌립보서 2:5

"너희 안에 이 마음을 품으라 곧 그리스도 예수의 마음이니"

I. 너희 안에 이 마음을 품으라(1-11)

1. 1-4절의 말씀을 생각해볼 때 빌립보 교회에 있는 문제점 이 무엇인 것 같습니까?

2. 이러한 교회에 주는 권면의 말씀이 무엇입니까?

3. 어떻게 마음을 같이하며, 어떻게 이기심을 버릴 수 있습 니까?

4. 예수님의 마음이 어떠한 것입니까(5-11)? ① 예수님은 원래 어떤 분이십니까(6)? ② 예수님이 자기를 어떻게 여 기시고, 어떻게 비우시고, 어떤 모양으로 나타나셨으며, 또 어떻게 자기를 낮추셨습니까(7-8)? ③ 하나님은 이 예 수님을 어떻게 높이셨습니까(9-11)? ④ 결국 예수님의 마 음이 어떤 것입니까?

5. 이상을 살펴볼 때 빌립보 성도들이 하나 될 수 있는 길이 무엇입니까? 당신이 본받아야 할 예수님의 마음은 무엇입니까?

II. 너희 구원을 이루라(12-18)

1. 사도 바울이 사랑하는 빌립보 성도들에게 항상 힘써야 할 일이 무엇이라고 말씀합니까(12)? 여기서 '구원'이란 뜻이 무엇입니까?

2. 어떻게 구원을 이룰 수 있습니까? 하나님께서 어떻게 도우십니까? 신자들을 위한 하나님의 뜻이 무엇입니까(13)?

3. 구원을 이루는 자의 구체적인 생활이 어떠합니까(14-16)?

4. 빌립보 성도들의 구원의 역사를 위해서 사도 바울은 자기 자신을 어떻게 하고자 합니까? 그렇게 해도 자기의 마음 상태는 어떻다고 합니까? 바울이 그리스도와 닮은 점이 무엇입니까(17,18)?

5. 이상을 공부해 볼 때 당신이 성장하는 신자가 되려면 어떻게 해야 하겠습니까?

III. 이와 같은 자를 존귀히 여기라(19-30)

1. 사도 바울은 왜 빌립보에 디모데를 속히 보내고자 합니까(19, 20)?

2. 디모데는 어떤 사람입니까(21, 22)? 특히 디모데가 연 단 받은 점이 무엇인가 생각해보시오(고전16:10, 딤후 1:7,8, 딤전5:23).

3. 에바브로디도는 어떤 사람입니까(25)?

4. 에바브로디도는 로마의 사도 바울에게 무엇 때문에 왔으 며, 로마에서 그에게 무슨 일이 생겼으며, 또 이때 그는 어 떻게 했습니까(26-30)?

5. 사도 바울은 왜 에바브로디도를 속히 보내고자 합니까?

6. 왜 디모데나 에바브로디도 같은 사람을 존귀히 여겨야합 니까? 그들이 어떤 점에서 예수님의 마음을 소유한 사람 입니까?

Ⅳ. 이상 예수님, 바울, 디모데, 에바브로디도를 통해서 볼 때

1. 우리 신자들은 어떠한 인격자가 되어야 하겠습니까? 또 어떻게 그러한 인격자가 될 수 있습니까?

3 기쁨이 넘치는 크리스천의 가치관

•✓ 본문: 빌립보서 3:1-21
•✓ 요절: 빌립보서 3:8

"또한 모든 것을 해로 여김은 내 주 그리스도 예수를 아는 지식
이 가장 고상함을 인함이라. 내가 그를 위하여 모든 것을 잃어
버리고 배설물로 여김은 그리스도를 얻고 그 안에서 발견되려
함이니 …"

I. 사도 바울의 가치관의 변화(1-11)

1. 사도 바울이 빌립보 성도들에게 어떤 사람들을 조심하라
   고 합니까(2)? 이러한 자들의 문제점이 무엇입니까?

2. 사도 바울이 왜 '주 안에서 기뻐하라'(1)고 권면했을까요?
   그 뜻이 무엇이라고 생각합니까?

3. 사도 바울은 어떠한 자가 하나님의 백성이라고 말씀합니
   까(3)?

4. 사도 바울이 그리스도를 만나기 전 추구하고 자랑하던 것
   이 무엇입니까(4-6)?

5. 그리스도를 만난 후 사도 바울은 예전에 자기에게 유익했던 것을 어떻게 여겼습니까? 왜 그렇게 여겼습니까? 그가 새롭게 추구하게 된 것들이 무엇입니까(7-11)?

6. 이상을 살펴보고 사도 바울의 가치관의 변화를 살펴보시오. ①그의 가치관이 변하게 된 근본적인 동기, ② 변화 전후에 있어서 근본적인 차이점이 무엇입니까?

7. 신자들의 가치관이 어떠해야 하겠습니까? 당신은 무엇을 추구하며 살아갑니까?

II. 사도 바울의 푯대를 향하는 생활(12-16)

1. 사도 바울의 인생의 푯대가 무엇입니까?

2. 사도 바울의 새로운 푯대를 향한 마음의 자세가 어떠합니까(12,13)?

3. 사도 바울의 푯대를 향한 생활이 어떠합니까?

4. 사도 바울은 왜 푯대를 향한 자신의 생활을 여기에 간증할 필요가 있었을까요? 구원받은 신자들이 이 세상에서 힘써야할 일이 무엇입니까?

III. 바울의 눈물어린 권면(17-21)

1. 세속적인 가치관을 가진 자와 신앙적인 가치관을 가진 자를 비교해 보시오.

2. 신자들의 시민권이 어디에 있으며 소망이 무엇입니까
   (20)?

3. 재림하실 예수님은 우리의 몸을 어떻게 변화시킵니까
   (21)?

4. 이상을 공부해볼 때 결국 신자는 누구를 본받아 살아야합
   니까(17)? 또한 하늘나라의 시민권을 가지고 예수님의 재
   림을 기다리는 자는 이 세상의 생활이 어떠해야 하겠습니
   까?

IV. 이상 빌립보서 제 3장을 공부해볼 때

1. 사람들이 기쁨이 넘치는 신앙생활을 하지 못하고 항상 영
   적인 것과 세속적인 것 사이에서 갈등을 겪고 고민하는 이
   유가 어디에 있다고 생각합니까? 어떻게 기쁨을 맛볼 수
   있습니까?

4 기쁨이 넘치는 크리스천의 생활철학

- ✓ 본문: 빌립보서 4:1-23
- ✓ 요절: 빌립보서 4:13

"내게 능력주시는 자 안에서 내가 모든 것을 할 수 있느니라."

I. 주 안에서 기뻐하라(1-9)

1. 1절 '주 안에 서라'는 사도 바울의 권면을 생각해 볼 때 빌립보 성도들이 주 안에서 온전히 기쁨을 맛보는 생활을 하지 못 하는 이유가 무엇인 것 같습니까?

2. 유오디아, 순두게에게 권하는 말씀이 무엇입니까(2)? 이들의 문제점이 무엇입니까? 이 문제를 해결하는 것이 왜 중요합니까? 어떻게 해결할 수 있습니까(2,3,5)?

3. 문제가 생길 때 어떻게 해야 합니까? 그 결과 어떻게 됩니까(6-7)?

4. 신자들이 마땅히 생각해야 할 바가 무엇입니까(8)? 사람들이 왜 바르고 적극적인 생각을 해야 합니까?

5. 9절의 권면의 말씀을 생각해보시오. 행함이 없을 때 우리의 마음 상태가 어떻게 되겠습니까?

6. 이상을 살펴볼 때 우리 신자들이 염려를 극복하고 주 안에서 기뻐하는 생활의 비결이 무엇입니까?

II. 주 안에서 만족하는 생활(10-13)

1. 사도 바울이 주 안에서 크게 기뻐하는 이유가 무엇입니까(10)? 그것이 무슨 뜻입니까?

2. 사도 바울의 물질생활에 대해서 말해보시오(11-13)

3. 사도 바울이 어떠한 형편에서든지 만족스러운 생활을 할 수 있었던 비결이 무엇입니까? 그는 무엇을 믿고 산 사람입니까?

4. 우리 신자들이 물질문제에 있어서 어떻게 연단을 받아야 하겠습니까? 당신의 물질생활은 어떠합니까?

III. 주 안에서 드리는 생활(14-23)

1. 빌립보 성도들이 복음사업을 하는 사도 바울을 어떻게 도왔습니까(14-16, 18)?

2. 사도 바울은 빌립보 성도들의 선물을 어떻게 보았습니까(17, 18)?

3. 복음 사업을 위해 바치는 생활을 하는 빌립보 성도들을 위하여 사도 바울이 축복하고 기도하는 바가 무엇입니까 (19-20)?

4. 사도 바울의 마지막 인사가 무엇입니까(21-23)?

5. 이상을 공부해 볼 때 ① 주님께 바치는 생활의 중요성이 무엇입니까? ② 복음사업을 하는 주님의 종을 어떻게 도와야 하겠습니까? ③ 주 안에서 드리는 생활이 결국 우리에게 주는 유익이 무엇입니까?

Ⅳ. 이상 빌립보서 제 4강을 공부해 볼 때

1. 크리스천의 생활철학이 무엇이라고 생각됩니까? 우리는 어떻게 주 안에서 기뻐하고 만족하며, 주 안에서 바치는 생활을 할 수 있습니까?

Note

ESP(기독대학인회 출판부)는
다음과 같은 마음을 품고
기도하면서 일하고 있습니다.

첫째, 청년 대학생은 이 시대의 희망입니다.

둘째, 하나님의 말씀인 성경을 사랑합니다.

셋째, 문서사역을 통하여 성경적 세계관을 정립해 나갑니다.

넷째, 문서선교를 통하여 총체적 선교에 도움을 주고자 합니다.